木紫◎编著

中国妇女出版社

图书在版编目（CIP）数据

青春期男孩手册 / 木紫编著. -- 北京：中国妇女出版社，2017.2（2022.11重印）

ISBN 978-7-5127-1405-2

Ⅰ. ①青…　Ⅱ. ①木…　Ⅲ. ①男性—青春期—健康教育—手册　Ⅳ. ①G479-62

中国版本图书馆CIP数据核字（2016）第301450号

青春期男孩手册

作　　者：木　紫　编著
责任编辑：门　莹
封面设计：尚世视觉
责任印制：李志国
出版发行：中国妇女出版社
地　　址：北京市东城区史家胡同甲24号　　邮政编码：100010
电　　话：（010）65133160（发行部）　　65133161（邮购）
网　　址：www.womenbooks.cn
法律顾问：北京市道可特律师事务所
经　　销：各地新华书店
印　　刷：保定市铭泰达印刷有限公司
开　　本：170×240　1/16
印　　张：15.75
字　　数：150千字
版　　次：2017年2月第1版
印　　次：2022年11月第11次
书　　号：ISBN 978-7-5127-1405-2
定　　价：29.80元

循着青春期男孩脉搏的跳动，我们准备了一份每位男孩都需要的青春大礼：《青春期男孩手册》，以表达我们对男孩的疼爱、对青春的敬畏！

青春期是从儿童步入成人的生理转变期。青春期顺利度过之后，男孩在自我认识上会实现自我统一性，将一路歌声地走向未来。青春期是生命发展的危险期，身体的发育带来了生理的成熟，身体的变化让男孩猝不及防，他们需要及时了解自己的身体，学会珍惜和控制自己，才不会伤到身体。在这个阶段，男孩心理成长的脚步跟不上生理发展的节奏，身心常常处于不平衡的状态，压力很大，容易走错路，因此要学会观察和调节自己。

男孩心中困惑很多，有生理方面的，也有心理方面的：

我怎么突然长这么快?

外生殖器是什么？内生殖器是什么?

我有包皮、包茎吗?

精子是什么?

内裤怎么黏黏的?太难堪了!

偶像的文身很酷，我也想文一个!

我的眼睛不由自主地从黑板上溜到了“班花”身上，这正常吗?

不想写作业，想上网，怎么办?

每天都想发朋友圈，这是什么心理呢?

一个人的时候，总是莫名地伤感，我这是怎么了?

头上有了白发，这么白下去可怎么办?

……

男孩渴望有专业的知识来解答内心的困惑，关注男孩的我们当然责无旁贷，因此我们竭尽所能地编写了这本《青春期男孩手册》。

这是一本写给即将步入青春期、刚刚步入青春期或者已经步入青春期正在困惑的男孩们的贴心作品。本书文笔简练、生动，针对性强，男孩的所有生理和心理困惑都会在这里找到答案。书中关于青春期心理现象的详细剖析，能够帮助男孩克服内心的躁动与不安。解除了青春期的种种困惑，男孩在青春期心理慢慢“断乳”的过程中，就能逐渐学会宽容和忍耐，变得更加理性、更有担当。请放下迷茫，一身轻松、满怀信心地踏着青春的节拍走向未来吧!

特别感谢王玉新、张志强、郗玉森、李祥仁、王玉芝、李松敏、魏庆丽、李进科、郗华民、张钊、王锁娣在资料收集、文字整理等方面的大力支持。

木　紫

2016年10月

PART 01 青春期——男孩生命发展的转变期

PART 02 了解性器官：熟悉你的第一性征

PART 03 青春范儿：熟悉你的第二性征

PART 04 正视性发育问题，不逃避

PART 05 养成良好习惯，做好卫生保健

PART 06 人际交往——爱慕和友谊

PART 01

青春期——男孩生命发展的转变期

青春期是人生命发展的转变期，在青春期的几年里，男孩的身材、容颜、性器官会发生莫大的变化，心理则要经历很严酷的震荡。男孩成年后是什么样，将过什么样的生活，在很大程度上取决于这段青葱岁月。

1
“青春期”来了

◎ 青春期自画像

青春期是从儿童到成人的生理转变期。在这个阶段，男孩会经历很大的变化，比如身高、体重、外形、声音以及脾气、心思等，都会发生变化。在经历过这些变化之后，男孩在身体方面逐渐发育成熟，开始具备生育能力，在心理方面也更加成熟。

◎ 青春期成长任务

著名的心理学家埃里克森把人生分成8个阶段，从出生到老年，每个阶段都有其成长和发展任务。其中第五个阶段（12～20岁）是青少年期，也就是我们常说的青春期。在这个时期，青少年会反复思考“我是谁”“我应该信守什么”“我将来会成为什么样的人”等问题。在不断的自我探索中，他们会加深对自身的认识，同时也更加懂憬未来的生活。

在这个时期，青少年的成长任务是：建立基本的社会和职业同一性，达到个体内部状态和外部环境整合的协调一致，以更加积极的态度适应社会。如果不能很好地完成这些成长任务，他们就会对自己成年的角色感到困惑，并因此常常处于混乱的状态。

◎ 青春期情绪：叛逆、自闭

伴随生理上的快速发育，青春期男孩的心理也会发生巨大的变化。情绪上常常表现为逆反和自闭。

随着男孩身高和体重的加速增长，他们的男人气质逐渐凸显，他们会觉得自己是个大人了。他们会从心理上过高地评价自己的成熟度，认为自己的思想和行为属于成人水平，要求与成人具有平等的社会地位，一旦环境没有给予他们成人式的信任和尊重，他们的内心就无法平静。而消极抵抗或者高调逆反，正是他们的战斗武器。

他们要维护自己的成人尊严，面对父母的包办代替、反复叮嘱、倍加呵护，他们常常通过关紧房门、为QQ空间设置密码、私人物品对父母保密、跟父母对着干等方式来进行反抗。

◎ 青春期到底从几岁开始

不同的男孩拥有相同的青春期，而每个男孩青春期开始和结束的时间却并不相同。有的男孩11岁就变声，会出现公鸭嗓，听起来怪怪的，为避免引起周围人的注意，他们不到逼不得已就不张口说话。有的男孩到了13岁，还像一根豆芽一样，高高瘦瘦、萌萌呆呆的，好像一名中年级的小学生。

一般来讲，到了10～12岁，多数男生都开始进入青春期。生长在不同地域的男孩，会受自然条件和社会条件的影响，比如气候、营养、教育、文化等，导致青春期开始的时间有差异，因此各国男孩的青春期年龄上限和下限的界定并不统一。

◎ 发育晚，就落后了吗

青春期发育早晚对男孩未来的发展有着怎样的影响呢？

在小范围内，比如一个班或者一个社区里的男孩来考量，青春期开始的时间是早好还是晚好呢？青春期开始的早晚是否会影响人格和社会交往？这是一个值得关注的话题。

美国加利福尼亚大学进行的追踪研究表明，青春期开始较早的男孩比开始较晚的男孩具有一些社会优势。比如，前者的力量较大、身形更加出众，这些因素会让他们在社交场合表现得更加自信。那么，这种早熟和晚熟的差异是否会持续到成人期呢？一般而言，这种差异会因时间的推移而逐渐消失。不过，有时候这种差异可能会持续到成人期。

那些发育较晚的男生也不要气馁，可以通过好好学习、发展特长等方法来提升自信心。这样，你人生的光芒才不会因为晚发育几年而闪亮不起来。

◎ 性早熟

有个男孩，在8岁时身高开始猛长，几乎高出同龄孩子一头。大家觉得是遗传因素导致的，因为他的父亲个子很高，母亲也不矮。但两三年后，父母发现孩子停止长个了，他们带孩子去看医生，最后得出的结论是孩子的骨骼已经达到了15岁男孩的水平，正趋于闭合，很难再长高了。其实，这个男孩的情况属于典型的性早熟。

在国际上，性早熟一般是指男孩在9岁以前进入青春期的现象。儿童性早熟会伴有身高、体重增长加速，最终导致骨骼成熟过快，提前闭合。性早熟的男孩发病初期会出现生长过速，但到了成人期，身高反而会显得比较矮小。

过早的性发育会导致性激素水平增高，男孩会出现与其年龄不相适应的性心理、性冲动，还会引起较大的心理波动，如果得不到及时的疏导，很容易导致焦虑、抑郁情绪的产生。

了解性早熟的危害后，男孩一旦遇到这种问题，就应该及时就医，以保证正常的身体发育。

◎ 性幼稚

如果男孩到了青春期还没有出现第二性征，很可能是永久性的性发育不全症，也称为性幼稚。性幼稚症患者主要表现为无第二性征、生殖器呈幼稚状态。性幼稚患者由于缺乏的激素种类不同，对全身发育的影响也不同。

男孩患上性幼稚病后，体毛、喉结、阴茎、阴囊、睾丸都不会正常发育，就连说话的音调也会高于同龄男生，肌肉也不发达。值得注意的是，男孩如果出现经常性嗅觉差，可能是患了“性幼稚失嗅综合征”，出现这种情况一定要及时就医。

此外，遗传、内分泌、成长环境等因素都会导致性幼稚，如果男孩出现性幼稚的症状，要及时查找病因，并进行干预和治疗，这样才不会在青春期留下遗憾。

青春贴

如何避免性早熟

性早熟分为中枢性性早熟和外周性性早熟。其中中枢性性早熟是真性的性早熟，主要原因是身体存在器质性病变。最常见的是颅内肿瘤，其症状表现为睾丸增大、过早长喉结和胡子等。外周性性早熟虽然不是真性的性早熟，但如果不积极干预，也可能发展为中枢性性早熟。

男孩性早熟比女孩更不易发现，因此男孩可以在洗澡、游泳、独处的时候，近距离观察自己的生殖器，如果发现睾丸增大，要及时查明原因，并告知父母，以便进行积极的干预。

性早熟的原因很多，机制也比较复杂。50%左右的性早熟是由饮食不当引发的，遍布大街小巷的洋快餐和油炸类食品通常含有过高的热量，经常吃这些食品容易形成多余的脂肪，并引发内分泌紊乱，导致性早熟。因此，青春期的男孩要尽量少吃这类食品。

性早熟的罪魁祸首是食物中的激素，一些人工养殖的鸡、鸭、鹅会使用“催熟剂”来缩短生长周期，鸡、鸭、鹅体内残余的“催熟剂”会集中在脖颈处的淋巴中，成为“中毒源”。因此，青春期男孩在吃鸡、鸭、鹅肉时要尽量避免吃脖颈处的肉。此外，反季的水果、蔬菜等也可能含有较高的激素类物质，要注意甄别。

很多男孩爱吃肉，但为了健康，还是要合理摄入各种食物，不要光吃肉，更不要盲目进补，因为大补类药膳极易改变青春期孩子的内分泌环境，会对青少年的成长造成不利影响。

---

2 激素，促使男孩发生变化

◎ 激素的作用

青春期男孩的身体和心理为什么会变化很快？这都是因为激素的作用。激素是内分泌腺分泌的物质，会直接进入血液，并分布至全身，对机体的代谢、生长、发育和繁殖等起重要的调节作用。人体重要的激素有甲状腺素、肾上腺素、胰岛素、性激素等。

随着青春期男孩的下丘脑—垂体—性腺轴逐渐发育成熟，下丘脑促黄体生成并释放激素，使得垂体分泌促性腺激素，睾丸受到促性腺激素的刺激，开始大量分泌性激素，从而触发青春期的开始。

◎ 人体内有个激素工厂

早在明显的生理变化出现以前，脑垂体分泌物就开始刺激男孩的睾丸产生更多的雄性激素。对男孩而言，雄性激素控制着阴茎、前列腺的发育以及嗓音的变化，一旦这些性激素的含量达到某种关键水平，调节内脏活动的较高级神经中枢——下丘脑，就会促使脑垂体分泌出更多的生长激素，因此青春期男孩就开始快速生长了。

◎ 生长激素与身高

生长激素由垂体产生，直接作用于全身的组织细胞，能增强身体的新陈代谢功能，促进机体生长，特别是能促进骨骼的生长。如果生长激素分泌不正常，会引起生长发育异常。如果生长激素分泌不足，会导致生长迟缓，身材矮小；相反，如果生长激素分泌过多，全身各部分过度生长，则会出现身材过高。

身材过高或过矮都是生长激素分泌异常而引起的病理现象，青春期男孩遇到这种情况应该及时就医，并配合医生进行科学的干预，以保证身体的正常生长。

◎ 身体成长不可或缺的甲状腺激素

甲状腺激素参与调节人体的新陈代谢、生长发育、大脑发育等基本的生理过程。如果在幼儿时期甲状腺激素分泌不足，垂体分泌的生长激素无法借助甲状腺激素发挥作用，青少年就会长成“豆芽菜”。在幼年时期甲状腺激素分泌不足，还可能造成大脑发育障碍，导致智力低下。

有的青少年到了青春期，由于甲状腺激素分泌不足会出“大脖子”，这是怎么回事呢？当甲状腺分泌不足，不能满足人体的正常需要时，脑下垂体便会分泌大量的促甲状腺激素，从而促使甲状腺代偿性增生、肥大，因此脖子就会变粗。

◎ 肾上腺激素——促使第二性征出现

肾上腺激素能让青少年越来越成熟，越来越有大人气概。肾上腺能产生多种激素，其中盐皮质激素、糖皮质激素、雄性激素和肾上腺素等与青春期发育密切相关。肾上腺激素能帮助青少年快速生长，使肌肉更发达，同时还会增加皮下脂肪，对体毛的长出和声音的改变都有促进作用。无论男孩女孩，都会分泌肾上腺激素，所以男孩女孩都会出现身材长高、变声、长出体毛等第二性征。

◎ 雄性激素导致频繁性幻想

人体的性腺在出生后基本上处于沉睡状态，到了青春期，少男少女的性腺开始发育，并逐渐趋于成熟，会产生性激素。男孩的性腺主要分泌雄性激素，女孩的性腺主要分泌雌性激素。对于男孩来说，性激素能够促进他们的生理发育，从而唤醒他们的性冲动，他们会不自觉地关注与性有关的内容：绯闻事件、花边新闻、影视作品、性科普短片等，受到这些内容的刺激后，男孩就会产生性幻想。

性幻想是大脑皮层活动的产物之一，介于意识和潜意识之间，是对现实生活中暂时不能实现的愿望的一种满足，可以强化躯体刺激，加深性体验，产生更深层的性满足。

◎ 睾酮让男孩变成男人

进入青春期后，男孩会变得越来越有男人味儿，是什么促使男孩出现这样的变化呢？是一种叫睾酮的激素。

睾酮又称睾丸素，是一种类固醇荷尔蒙，是主要的雄性激素，由男性的睾丸分泌，肾上腺也会分泌少量的睾酮。睾酮能促进精子的产生以及身体的发育，不但能影响青春期男孩的外表，还能改变青春期男孩的心理。

◎ 男孩攻击性强的原因——睾丸激素、多巴胺

男孩到了青春期，体内的睾丸激素达到最高值，对男孩的刺激性更强，因此男孩动不动就表现出一副反抗别人的架势。当然，青春期男孩的攻击性强除了受睾丸激素的作用外，还受一种神秘物质——多巴胺的影响。青春期男孩体内的多巴胺分泌较多，当血液中含有较多的多巴胺时，流经小脑的血液量增加，会表现得格外活跃。而小脑控制着人的行为，从而使青春期男孩增加了发生冲动和冒险行为的概率。

3
大脑有多奇葩

◎ 在青春期，大脑进入活跃高峰期

人类拥有高度发达的大脑新皮层，这是人类独有的非凡的认知能力中心。大脑新皮层的发达程度取决于基因，在出生前和青少年时期，大脑皮层的生长最为活跃。在母体怀孕后胚胎发育的前3个月，大脑的结构已基本成形，更多细微结构的生成和发育出现在青少年时期，这时不同区域的功能特性便开始形成和显现。

◎ 上瘾的青春期大脑会“干蠢事”

青春期男孩大脑中腹侧纹状体有着较大面积密集的灰质，这让他们对能带来“奖赏”的多巴胺尤其敏感。这或许能解释为何许多人从青春期开始会沉迷于最能激活多巴胺系统的上瘾物——烟草、酒精、赌博、上网、游戏等。

青春期男孩独特的脑功能和体内旺盛的睾丸激素分泌功能，使得他们做起事情来果断、干脆，而不考虑后果。

科学家曾经通过实验证明，睾丸激素在比赛连胜中扮演着重要的角色，一次胜利会让体内分泌更多的睾丸激素，更多的睾丸激素则让人在下一场比赛中更容易获得优势，从而形成一个激素反馈回路。

然而，在青春期，如果大脑获得失败的体验，也能促进睾丸激素分泌，这是怎么回事呢?

德国研究者找来一群每周平均玩21个小时游戏的14岁少年，要求他们迅速按下正确的按键，成功就会得到奖金。有趣的是，即使失败，这群少年的快乐中枢仍然很活跃。由此研究者得出结论，正常大脑会“厌恶损失”，上瘾的青春期大脑反而可能“追逐损失”，并因此而干出“蠢事”。

◎ 假想观众——主观焦点感

假想观众是青春期少男少女特有的心理，之所以产生这种心理，是因为青少年希望自己被他人注意、觉察，希望自己像演员一样“在舞台上表演”，希望自己成为观众注意的焦点。青少年认为，周围的每个人都像他们自己一样对他们的思想、感觉和行为特别关注。他们认为自己生活在一个舞台上，自己是主要演员，其他人则是观众，随时随地都在关注、观察着这个独特的自我。

青春期男孩要记得，不要高估别人对自己外表和行为的关注度。

当别人在你面前轻轻一瞥、大声一笑或皱起眉头时，不要以为那是对你的赞赏或者厌恶，更不要有心理动荡，也许那只不过是别人的情感表达而已，与你并无关系。

◎ 放大自己的感受：个人神话

青少年常常过度强调自身的情感与独特性。他们总是将思想集中在自己的情感上，往往把自己描述成与众不同的个体，常常夸大自己的情绪感受，认为自己的情绪体验是独一无二的。为了维持个体的独特感，他们可能会精心编造一个充满幻想的关于自我的故事，把自己沉浸在一个远离现实的世界里，享受着“非现实化”的人生。

男孩觉得自己是世界的主角，做什么都不会有问题。在他们眼里，风险、倒霉只会发生在笨人身上，幸运的自己不会有意外情况。

◎ 大脑变笨了？别担心

有人说，到了青春期，人的大脑反应会变慢，这是怎么回事?

人体大脑内的海马状突起起着控制记忆和学习能力的作用。在青春期时，此处有一个器官突起，会分泌大量的蛋白质，从而降低大脑的兴奋度，损害空间认知能力，使得人记忆力下降。

科学家们意外地在处于青春期的老鼠海马体中发现了一种特殊的蛋白质，这是一种GABA （伽马氨基丁酸）受体。这种受体蛋白质会干扰神经元之间的连接，从而阻碍染色体提高人体的认知能力。

这么看来，青春期时大脑真的有可能变笨。不过，青春期人体内产生的大量激素会减轻GABA蛋白质的作用，从而让青少年回到更好的学习状态。

◎ 补脑别忘补充碳水化合物

很多青春期男孩都食用过健脑或补脑食品，比如核桃、黑芝麻、花生、鱼油等食物，估计没有谁会认为米饭、馒头具有补脑的功能。事实上，“补脑不如吃好主食”。

大脑的能量来源首先是葡萄糖，而主食富含碳水化合物，能够直接供给葡萄糖。大脑中有一个血脑屏障，它就像坚守岗位的安保人员一样，对进入大脑的每一种营养物质都会进行严格审查，只允许葡萄糖进入大脑。虽然蛋白质、脂肪在体内也能转化成葡萄糖，但其过程曲折，且携带有害大脑的物质。而主食就不一样了，食用主食就相当于用葡萄糖为大脑提供了能量，大脑细胞会因为营养充足而充满干劲。

青春期男孩正处于中学阶段，学习任务繁重，用脑量大，如果不吃主食，吃再多的蛋白质和脂肪，都不利于大脑的工作。至于其他的补脑食物，在正餐之外添加最为恰当。

◎ 音乐让你脑洞大开

科学家研究表明，学习乐器演奏或听音乐会，能够有效促进青少年大脑的发育。研究人员让232名6～18岁的被试者接受音乐训练，结果显示，被试者的某些脑区，比如掌管记忆力、注意力、统筹能力以及规划能力的脑区，功能有了明显增强。

如果你已经开始学习某项乐器，就继续学下去吧。青少年演奏乐器的过程需要控制和协调动作，对大脑控制情感的区域能够产生有效刺激，从而能够预防心理疾病的产生。

◎ 打造最强大脑

有人担心用脑太多会把大脑用坏，这样的担心有必要吗?

人体的脑细胞足够使用300多年，因此青少年不必担心用脑太多会把大脑用坏。事实上，大脑越用越灵，如果长期不用，大脑的功能反而会减退。因此，青少年应该抓住青春学习期，多用脑，这样可以让自己变得更聪明。不过，这并不等于青少年可以肆无忌惮、夜以继日地用脑。脑科学研究表明，在疲劳的状态下，人会出现头昏脑涨、记忆力下降、反应迟钝等情况，这就说明大脑累了，需要进行适当的休息。

4
你的男性生殖器在发育:第一性征

◎ 我是男生：第一性征

在大脑中搜索儿时的记忆，你可能想不起来从哪一天起，你知道自己是男生了！即便这样，你却记得自己是如何确定自己是男生的，那就是通过第一性征来确定的。

男女生殖器的不同外形和构造的特征称为第一性征。男孩的第一性征通常开始于十一二岁，首先表现为睾丸、阴囊增大，接着阴茎增长；十四五岁时阴茎充分发育，在长度上接近成人的水平。随着睾丸和阴茎的发育，男孩的性机能逐渐成熟，会有精子经过阴茎排出体外。

◎ 生殖器的结构

男性生殖器官分为内、外两部分。内生殖器包括生殖腺体（睾丸）、排精管道（附睾、输精管、射精管和尿道）以及附属腺体、精囊腺、前列腺和尿道球腺。外生殖器包括阴囊和阴茎。

◎ 外生殖器功能

外生殖器包括阴囊和阴茎。

阴茎的主要功能是排尿、排精液和性交，是进行性行为的主要器官。龟头是阴茎最敏感的部位，龟头受到刺激会射精。覆盖并保护龟头的是包皮。

阴囊是一个皮囊，悬垂于阴茎下方，其作用是保护睾丸。它能够调节温度，使睾丸处于恒温环境（35℃左右）。

◎ 内生殖器功能

内生殖器包括生殖腺体（睾丸）、排精管道（附睾、输精管、射精管和尿道）以及附属腺体、精囊腺、前列腺和尿道球腺。

睾丸是男性的性工厂，能够产生精子和分泌雄性激素——睾酮。

附睾的主要功能是促进精子的发育和成熟，以及储藏和运输精子。

输精管是一条柔韧的管道，长达30厘米，一端连着附睾，另一端连着尿道。输精管的管壁肌肉很厚，蠕动能力很强，主要功能是运输和排泄精子。

精囊的主要功能是分泌一种黏液，既不产生精子，也不储藏精子。

精索的主要功能是将睾丸和附睾悬吊于阴囊之内，保护睾丸和附睾不受损伤。

射精管的主要功能是射精。

前列腺是具有内、外双重分泌功能的性分泌腺。作为外分泌腺，前列腺每天分泌约2毫升前列腺液，前列腺液是构成精液的主要成分；作为内分泌腺，前列腺还可以分泌前列腺素。

尿道的一端连着膀胱，另一端连着龟头，是尿液和精液的共同通道。当精液通过尿道时，膀胱到尿道的开口被切断，精液就能上行至阴茎并经由阴茎排出体外。

5
男性外貌：第二性征

◎ 什么是第二性征

“很有男人味儿！”“很man!”“是男神！”……

凡是具有男性性取向的男人，都喜欢别人把这些词用在自己身上。事实上，这些词就是男性第二性征总体面貌的一种表达。

性发育的外部表现就是第二性征，第二性征体现了男女的身形、体态、相貌、声音等性别上的差异。与第一性征与生俱来的特点不同，第二性征是进入青春期后才出现的。

◎ 男性的第二性征有哪些

男孩进入青春期后，在性激素的作用下，逐渐显得身材高大、肌肉发达，体表常有多而密的汗毛，长胡须，喉头突出，嗓音低沉，脸形更富有棱角，肩膀、胸膛变宽，体味儿很浓，身体各部分比例变化很大，等等。有的男生还会出现乳房发育，胸部像女生那样鼓起来，不过，数月后这种现象会自动消失。

◎ 雄性激素促使青春期男孩出现第二性征

雄性激素具有促进蛋白质合成，促进肌肉发育和骨骼生长，使体内储存的脂肪减少等作用。

雄性激素作用于嘴唇周围，能够促进胡须的生长，稠密的胡须是男子特有的象征之一。雄性激素作用在脸上，还会让男孩长出面部痤疮和粉刺。

可以说，雄性激素作用到哪里，哪里就会出现第二性征。

了解性器官：熟悉你的第一性征

生来就有的男性生殖器官，也就是第一性征，进入青春期后会有怎样的变化？那些从下体流出的白色液体是什么？为什么这些液体的颜色会发生变化？精子是从哪里来的？怎么才会受精？为什么有的人不能生育宝宝？

◎ 阴茎的模样

阴茎是男性外生殖器中最明显的器官，它由阴茎头、阴茎体和阴茎根组成。中部的圆柱体是阴茎体，前端是阴茎头，也叫龟头。

◎ 阴茎发育的5个阶段

在青春期，男孩的阴茎外形会发生较大的变化。阴茎的发育过程大致可以分成以下5个阶段。

青春期之前：外生殖器呈现幼年型，主要功能是排尿。

青春期早期：睾丸和阴囊开始发育，体积增大，阴囊皮肤色泽变红，且变得更加粗糙，阴茎还未发育。

青春期中期：阴茎开始发育，逐渐变长、变粗，阴囊也开始向下拉长，睾丸体积增大，开始长出阴毛。

青春期后期：阴茎继续增长、增粗，龟头突出，轮廓可见，阴囊皮肤色泽加深，阴毛色泽加深，变得更粗、更卷曲。

青春期结束：外生殖器的形状和大小呈成年型。

外生殖器的发育，从第二阶段至第五阶段的平均完成时间为3年。但有些正常的男孩，整个发育阶段的持续时间可以短至1年，也可长达5年。到了生殖器发育的第五阶段，大多数男孩都开始进入青春期发育的高峰时期。

◎ 阴茎“小”吗

一般而言，从耻骨联合处测量到阴茎头，发育成熟的阴茎疲软时的长度为7厘米～9.8厘米，直径为2.6厘米左右。小阴茎指的是疲软时长度小于5厘米、勃起时长度小于9.3厘米的阴茎。通常情况下，男孩的阴茎只要青春期后较青春期前有所增大，就可以判断为正常。

阴茎大小对身心都无影响，更不会影响性能力，如果男孩武断地认为自己阴茎短小而产生自卑的情绪，反倒会带来麻烦，容易造成心因性性功能障碍。

◎ 阴茎的功能

阴茎的功能主要包括进行性行为、排出尿液和射出精液。

◎ 性功能

男子正常的性功能包括性兴奋、阴茎勃起、性交、射精和性高潮等过程。

阳痿是指男性在进行性生活时阴茎不能勃起、勃起不坚或坚而不久，不能完成正常的性生活，或阴茎根本无法插入阴道进行性交。

早泄是指阴茎插入阴道后，在女性尚未达到性高潮，且男性的性交时间短于2分钟就提早射精而出现的性交不和谐障碍。

青春贴

别让“小弟弟”受外伤

青春期男孩在玩耍、运动、打斗的时候，如果动作太过生猛，就可能会伤害到生殖器。因此，在踢球或打球拼抢时要小心，注意躲开对方踢过来的球，以免外生殖器受伤；攀岩或爬山的时候，要注意避免硬物磕碰生殖器。

青春期男孩看到可爱的小动物，尤其是狗时，如果不熟悉，不要上去逗弄，以免被咬伤，进而导致细菌感染。一旦被咬伤，应该立即去医院就医。

◎ 包皮、包茎是怎么回事

一个男孩在网络上看到一篇有关“包皮”的文章，就觉得自己也有这种情况，因此变得心神不安，为了确认自己是否也有包皮，连洗澡次数都增多了。而事实上，这个男孩根本就没有病。

对于任何疾病，早知道都有利于预防和治疗。但是，如果被不确定性信息诱导，变得整天疑神疑鬼，就会给自己带来不必要的烦恼。为了不被各种包皮类信息所困扰，男孩一定要学习科学的生理知识。

婴幼儿的龟头外面包着一层皮肤，称为包皮。婴幼儿时，包皮较长，能保护脆弱的龟头。青春期发育加速后或接近成熟年龄时，包皮会渐渐向后退缩而露出龟头。

如果青春期发育后包皮仍然包着龟头，需要翻动包皮后才能露出龟头，这种情况就称为包皮过长；而不能翻出龟头的情况，则叫作包茎。

这两种情况都要看医生，根据医生的诊断看是否需要进行手术治疗。

◎ 包皮过短

包皮过短的情况多是由于外伤、手术、烧伤、感染等原因导致包皮部分缺损，从而使阴茎皮肤过短，引起阴茎勃起时疼痛，甚至出血等，影响正常的性生活。临床上，如果小儿隐匿性阴茎被当作包皮过长而进行手术割包皮，就会导致包皮过短。

手术是治疗包皮过短的唯一选择。通过手术整形、皮肤移植等方法，修复缺失的包皮，才能恢复阴茎的功能。

◎ 包皮自检

要判断包皮是否过长、是包皮还是包茎，有个简单的检测方法，就是正常的阴茎在勃起的时候包皮可以自行退到龟头后面，如果有困难就是包皮过长，如果有包茎或是嵌顿，就应该接受手术治疗。所谓包茎，是指包皮出口过于狭窄，根本无法让整个龟头露出来；嵌顿包茎是指包皮拉到龟头后会卡住而无法回复到原来的位置。

◎ 主动向父母求助

进入青春期后，男孩的心理逐渐变得脆弱和敏感，如果男孩有包皮、包茎的现象，要及时跟父母沟通，以商议一个最恰当的治疗意见，才不至于造成沉重的心理负担。此外，遇到这种情况时，即使是面对最要好的同学，也尽量不要讲出来，以免增加自己的心理压力，影响成长和学习。

◎ 阴茎上的垃圾物——包皮垢

如果男孩的包皮过长，就容易滋生包皮垢。在阴茎包皮内面和阴茎头交接处的皮下，分布着一定的皮脂腺，这些腺体不断分泌出一些淡黄白色的油性物质，称为包皮垢。

包皮垢通常与从皮肤上脱落下来的污垢和尿液混合在一起，时间长了越积越厚，就成为片状或小块状，紧紧地黏附在这个部位的皮肤上。包皮垢适宜细菌生长，可引起炎症，因此青春期男孩一定要经常清洗包皮的部位，以免对自己的健康造成不良的影响。

◎ 掌握最佳清洗方法

包皮内常常积存着包皮垢。在青春发育期，包皮垢产生得比较多，青春期男孩应当经常翻开包皮进行清洗，以免引起龟头和包皮发炎。每次清洗时，都要将包皮翻上去，把包皮内侧、冠状沟等处的尿渍、包皮垢彻底清洗干净。注意要用碱性较弱、刺激性较小的浴液或香皂，并使用温水进行清洗，不要因为有异味而选择药物洗液来清洗。

3 褶皱的皮囊——阴囊

◎ 阴囊

阴囊的外形看起来像一个起皱的小口袋，很有弹性，比皮肤的颜色深一些。阴囊由腹壁皮肤形成，分左右两半，正中连接起来，左右两半囊内各有一个睾丸和附睾。

◎ 阴囊是睾丸的防护衣

睾丸要维持正常的生理功能，要求的最佳温度是35℃，由于身体正常的温度是37℃，会对它造成伤害，因此就被放在身体外的阴囊里。阴囊上面有很多褶皱，当睾丸的温度过低时，阴囊会自动收缩，以阻止热量的流失；当睾丸过热时，阴囊的皮肤会变得松弛，以利于散热。

◎ 温度对阴囊的影响

阴囊具有调节温度的功能，这并不等于温度越高越好，环境越热越好。阴囊对温度的调节能力不是无限制的，当温度的变化超过它的调节能力范围时，阴囊就无法工作了。如果睾丸的温度无限制上升，其生理功能就会受到损害，产生不正常的精子，甚至不产生精子。

◎ 阴囊瘙痒

阴囊瘙痒是一种常见病，就如同皮肤瘙痒一样。导致瘙痒的原因有很多，男孩在夏季高强度运动后会大量出汗，导致阴囊部位温度升高，如果没有条件及时清洗，穿的衣服透气性又差，这时就容易产生阴囊瘙痒。待清洗过后换上干净的衣服，情况很快就会改变。

如果阴囊瘙痒时间较长，皮肤发生了改变，甚至尿道流脓，或者有虫子爬行的感觉，就需要及时去医院诊治。有时阴囊瘙痒可能是核黄素缺乏、感染念珠菌或者神经性皮炎等引发的病变，需要及时就医才能得以痊愈。

◎ 不迷恋沙发

对于青春期男孩而言，坐硬座比坐沙发更有益于睾丸素的分泌，为什么这么说呢?

坐着的时候是以坐骨的两个结节作为支撑点的，这时阴囊会轻松地悬挂于两个大腿之间。如果坐在沙发上，原来的支点下沉，臀部陷入沙发中，沙发的填充物和表面用料就会包围、压迫阴囊。当阴囊受到压迫时，会导致静脉回流不畅、皋睾丸附近的血管变粗等，瘀血严重时还会导致精索静脉曲张，患者会出现睾丸下坠沉重、下腹部钝痛等症状。

患精索静脉曲张时，睾丸新陈代谢所产生的有害物质不能及时排出，需要的养料又送不上来，可能会导致睾丸不能进行正常分泌，使得睾酮分泌减少，影响生长发育。

因此，在闲暇时光，男孩们不妨多坐硬板凳，这样对身体会更好。

◎ 睾丸的形状、构成、位置

睾丸是男孩的重要生殖器官，成对，外部形态呈扁卵圆形，表面光滑。两侧睾丸的重量及体积常稍有差异。

宝宝刚出生时，位于阴囊内的睾丸只有小花生米那么大。从宝宝出生至12岁，睾丸体积为1立方厘米～4立方厘米。12岁以后的男孩进入青春发育期，睾丸体积迅速增大，能达到12立方厘米左右，成年男性的睾丸体积为16立方厘米～25立方厘米。

睾丸的表面覆有被膜，实质部分主要由睾丸小叶所构成。正常男子有200～300个睾丸小叶，小叶里面充满了睾丸实质。由睾丸纵隔发出许多结缔组织将睾丸实质分成许多锥体形的小叶，称睾丸小叶。每个小叶内有1～4条曲细精管，曲细精管是产生精子的地方。男孩进入青春期后，曲细精管的长度和曲折程度增加，管腔增粗，管壁上的精原细胞不断分裂繁殖，产生精细胞，最后发育成精子。

◎ “蛋蛋”一大一小不是病

正常男性双侧睾丸的大小并不是完全相同的。据统计，通常男性的右侧睾丸略大于左侧睾丸。右侧睾丸平均长3.38厘米、宽2.37厘米、厚1.78厘米，左侧睾丸平均长3.30厘米、宽2.27厘米、厚1.71厘米。即使是同一个年龄组的人，睾丸的大小也有很大差别。通常只要成年男性的睾丸体积在15立方厘米以上，功能都正常。

◎ 睾丸素

睾丸不仅是生殖器官，还是内分泌器官，能够分泌出睾丸素。当男孩还是胎儿时，体内就开始分泌睾丸素。在Y染色体和睾丸素的作用下，胎儿的男性特征开始发育。男孩刚出生时，体内的睾丸素水平相当于12岁男孩体内的睾丸素含量；11～13岁时，男孩体内的睾丸素含量出现高峰期，激增到4岁以前的8倍。到40多岁以后，男性的睾丸素含量开始下降。

◎ 睾丸炎

睾丸炎通常是由细菌和病毒引起的。睾丸本身很少发生细菌性感染，由于睾丸有丰富的血液和淋巴液组织，对细菌感染的抵抗力较强。细菌性睾丸炎大多数是由于邻近的附睾发炎引起的，因此又称为附睾—睾丸炎。常见的致病菌是葡萄球菌、链球菌、大肠杆菌等，一般是由睾丸外伤、术后感染等所致。

◎ 腮腺炎

很多男孩进入青春期后会患腮腺炎，合并睾丸炎。睾丸炎显著影响精子的质量，会增加无精症的发病率，特别是双侧睾丸炎，对生育能力会产生不良的影响。青春期男孩得了腮腺炎后要及时医治，以防波及睾丸，让病情变复杂。

◎ 睾丸变大，可能是有积液

青春期男孩如果发现睾丸变大，而且在阴囊处能摸到光滑的肿块，很可能是患上了鞘膜积液。用手电筒强光照射阴囊肿块时，可以看到积液处透光，又红又亮，在红亮区内有黑色不透光的睾丸。平卧后托起阴囊，积液逐渐流入腹腔，肿块会缩小或消失。积液会导致睾丸缺血，造成睾丸生精功能不良，鞘膜积液会使睾丸失去调节温度的功能，影响睾丸生精。

◎ 睾丸有沉重感，可能是肿瘤

睾丸肿瘤是肿瘤细胞大量生长而形成的，是一个实质性肿块，生长到一定程度后，睾丸的重量骤增，患者会有沉重的下坠感觉，甚至影响行走。青春期男孩如果用手托起睾丸，犹如托着石头一般，有一定的重量感，就要就医检查。

青春贴

尽量少穿紧身牛仔裤

要想睾丸得到良好的发育，需要有适宜的温度来保证。很多青春期男孩喜欢穿紧身而不易透气的牛仔裤，牛仔裤会把睾丸和阴茎紧紧挤在裆部的体壁上，不利于睾丸的散热。此外，青春期男孩的阴茎正处于快速成长期，被紧身裤束缚时，不仅不利于发育，还容易勃起，在公共场所会感到很尴尬，在私下也容易引发青春期男孩的想象，不利于专心学习。

5 最大的附性器官：前列腺

◎ 前列腺的位置

前列腺位于膀胱下方，围绕着尿道的起始部位。其前方为耻骨联合，后方有直肠。

◎ 前列腺液

前列腺液是前列腺的分泌物。前列腺液的分泌受雄性激素的控制，每日分泌量为0.5毫升～2毫升。它是精液的重要组成成分。

◎ 前列腺和尿道的关系

前列腺包绕尿道，与膀胱颈贴近，构成近端尿道壁，其环状平滑肌纤维围绕尿道前列腺部，参与构成尿道内括约肌。人体产生排尿冲动时，伴随着逼尿肌的收缩，内括约肌则松弛，使排尿顺利进行。

前列腺腺体的中间有尿道穿过，前列腺扼守着尿道上口，一旦前列腺有病，排尿就会受到影响。

◎ 包皮垢会引发前列腺疾病

青春期男孩平时要注意清洗包皮垢，包皮垢易引发包皮龟头炎、尿道炎等，细菌会从尿道、射精管逆行侵入前列腺，引发前列腺炎。

◎ 不要憋尿

憋尿很容易引发前列腺疾病。青春期男孩在学校时，下课后要及时排尿，避免课堂上有了尿意不好意思开口。特别情况下，比如天气寒冷或看电影、电视时有了尿意，也要及时排尿。

◎ 不要过度自慰

男孩频繁自慰，会导致前列腺广泛而持久地充血，长此以往，容易引发慢性无菌性前列腺炎，会带来很多痛苦。

——青春贴——

学会保养前列腺

如果青春期男孩患上前列腺疾病，会很遭罪，而且今后一生都可能受到它的困扰。男孩关爱前列腺，就从现在开始做好保健吧！

1.饮食

青春期男孩要注意多吃有益于前列腺的食物，比如番茄、韭菜、卷心菜、南瓜子、大蒜、胡萝卜、黄豆等食物，还要注意多饮水。此外，还要少吃辣椒、生姜等辛辣、刺激性强的食品。

2.坐浴

青春期男孩每天要用温水坐浴会阴部，可以缓解肌肉与前列腺的紧张。

3.不坐凉地方

冬季不要久坐在冰凉的地方，会阴部太冷会使交感神经兴奋增强，导致尿道内压增加而引起逆流。

4.骑行时要当心

青春期男孩进行骑车、骑马运动时，前列腺很容易因骑行而摩擦、充血，从而引发炎症，因此不要长时间进行这些活动。

PART 03

青春范儿：熟悉你的第二性征

进入青春期后，男孩一下就变得健壮、俊朗起来，皮肤发亮、头发黝黑，身材挺拔，犹如一股清新的风。但只有男孩自己知道，他们也有很多成长的烦恼和不安。该如何解决这些困扰呢？本章将一一为你解答。

1
身高：多高才有范儿

◎ 骨架支起的“海拔”

人体全身的206块骨头巧妙地组合在一起，形成身体的支架，支架的高矮就是个子的高矮。对身高影响最大的是下肢骨，其次是脊椎骨。骺软骨细胞不断分裂，并不断被钙化成骨骼，促使骨头变长，这样人体就会长高。青春期骨骼硬度不够，可塑性大，容易变形，青少年要注意坐立行走的姿势，驼背、勾胸、歪肩膀问题等都是由于青春期的不当姿势导致骨骼变形而造成的。

◎ 青春期男孩能长多高

男孩一般在13岁左右进入青春发育加速期，14岁达到高峰，到16岁时回落到一个比较缓慢的速度。一般在发育加速期结束后，男孩身高会增长28厘米～31厘米。与同龄人比，即使你的个子长得不快，也不要烦恼，不同人的青春期开始时间并不一样。有的男孩可能13岁就达到了成人身高，有的男孩到了十七八岁还没进入成长加速期。身体加速成长晚一些的男孩，过了青春期身体还可能会长高。

◎ 为什么我比女生矮

在校园活动中，常常有男女生混站的时候，一些男生看女生时需要仰着脖子，因此觉得很伤自尊，常常为此感到苦恼。其实男孩不必为此苦恼，普遍来讲，女孩进入青春期的时间比男孩早，加速成长得早，因此有一些女生会比男生高点儿。特别是在初中时期，教室里身材最高的几个往往是女生。

男孩们不要急，等女孩青春加速生长期结束后，男孩还要多长2年，身高也会噌噌窜上去的。

为了让自己更加安心，男孩们可以根据父母的身高来粗略估计自己的身高：男孩身高（厘米）=（父亲身高+母亲身高+13）厘米/2。这个数据上下浮动5厘米，都在正常范围之内。不管是向着目标身高努力，还是想要超越父母的身高，男孩都应该在青春成长加速期吃好、睡好、锻炼好，这样身高自然不会低。

◎ 健康是第一位的

当男孩的身体开始成人化后，如果对身体变化持积极的看法，将会建立起高水平的自尊。如果男孩对自己的身体变化不满意，总是把注意力集中在自认为不满意的方面，就可能会产生抑郁的情绪，甚至做出不健康的行为。

男孩要懂得，不管高矮，只要身体健康，都是正常的，要学会接纳真实的自己。

还有的男生个子较高，担心吃太多会长太高，因此开始节食。请男孩们千万不要这么做。不管高矮，都要合理饮食，不要偏食，保证充分的休息时间，多参加体育锻炼。

◎ 气胸偏爱“高瘦帅”

青春期男孩正值青春年华，谁不想做人见人羡的“校草”呢?

有一天，一枚“校草”正兴致勃勃地在篮球场上奔跑，胸口突然疼痛起来，随之呼吸困难，跪倒在地。怎么回事呢?原来这个男孩有自发性气胸。自发性气胸比较危险，发病时病人感觉呼吸困难、大汗淋漓，严重的可能会导致休克。如果送医不及时，还可能危及生命。

瘦高男生容易因为先天肺部弹力纤维发育不良而导致肺泡壁弹性减退，使得小肺泡扩张成肺大泡，当进行剧烈运动、提取重物时，可能导致肺大泡破裂，使得空气进入胸膜腔，出现呼吸困难。这类男生在进行足球、篮球等对抗性运动时，因为需要不停快跑、突然发力，运动剧烈，比较容易发病。不过，也有一些人会在睡梦中发病。

◎ 多运动能长个儿

体育活动可给骨骼以良好的刺激，加强骨头和肌肉的新陈代谢，增强骨骼的韧性和强度，有利于骨骼的生长。有人对年龄相当的青少年做过调查，发现经常参加体育锻炼的青少年，比不常参加体育锻炼的青少年骨骼要强壮好几倍，身高要高出4厘米～7厘米。

最利于身体成长的运动有跳绳、跳高、打篮球，如果再结合足球、游泳、骑车、滑冰等运动项目，效果会更好。

◎ 不妨做做长个儿体操

有一套体操，归纳起来只有12个字：热身、行走、跑步、伸拉、垂吊、跳跃，却能够有效改善青少年身材矮小的问题。专家们认为，做这套体操，可以促使青少年脑垂体中的生长激素分泌得更加旺盛，从而促进身体的增长。

1.热身

身体保持正直，上体前倾，双臂伸直，用力向后上方挥动。这一步特别重要，可以防止损伤。

2.行走

选择宽敞的地方大幅度摆臂，有力地向前行走。

3.跑步

一定要先小步跑，同时双手放在肩上，双臂屈肘向前转动，然后快速跑跳25米～50米。重复4～6次，每次之后可稍事休息。

4.伸拉

踮起脚后跟，双臂伸直向上伸拉，然后向各个方向伸拉。重复6～8次，中间可稍事休息。

5.垂吊

在单杠上悬垂20～60秒，双腿并拢。身体先向左、右转动，再向前、后摆荡，最后做引体向上。每次做4～6分钟，每个动作重复6～8次。还有一种方法是上体保持正直，深蹲，向上跳起时抓住单杠，并利用惯性做引体向下（单杠的高度和双手之间的距离应根据个人情况而定），重复数次。

6.跳跃

向上跳，争取每次跳得比上一次高，或力求达到某一规定的高度。向下跳，从稍高的地方向下跳，落地时尽量弯曲双腿，然后双脚用力蹬地，再向上跳起，各做30～60次。

7.平躺

做完全套操后，平躺在地板上，绷紧背部和臀部的肌肉，腰略挺。

从一开始就要注意按照规定数量做好动作。每做完一节操，要稍事休息，让呼吸平稳、肢体得到充分的放松。每周做操不少于3次，每次35～45分钟，持之以恒，效果会更佳。

青春贴

身高加速生长期

进入青春期后，生长激素分泌加快，刺激细胞的生长，身体像竹子一样节节拔高。不过，青少年的身高除了生理因素外，还受心理因素、社会环境等的影响。如果青少年心情愉快，生活自在，没有焦虑、郁闷等不良情绪，就会长得更高。

2 体重

◎ 超过标准的体重是累赘

体重超标于健康无益。根据中国肥胖工作组的研究，体重指数（BMI值）超过24，发生与肥胖相关的心血管疾病的可能性是60%；体重指数超过28，发生与肥胖相关的心血管疾病的可能性高达90%。当下，肥胖学生的比例增大，成为未成年人肥胖的主体，对整个国民素质构成了潜在的威胁。

体重超标影响美丽。如果青少年体重超标，一伸胳膊、一走路，身上的赘肉就乱颤，毫无轻盈健美可言，很容易影响青少年的自信心。在爱美的年龄，体重超标的青少年却什么款式的衣服都穿不出型来，会感到很沮丧。因此，青春期的少男少女一定要注意控制体重。

◎ 体重指数

身体形象是青少年统一性发展的重要方面，它影响着青少年的情感和生理健康，在青少年的身体形象中占据很重要的位置。

青春期男孩要衡量自己的体重是否正常，可以通过现在比较流行的体重指数BMI来判断。

成人的BMI数值把体重分为4个级别，计算方式是：

体重指数=体重（千克）/身高（米）的平方。

正常：18.5～23.9

超重：≥24

偏胖：24～27.9

肥胖：≥28

专家指出，最理想的体重指数是22。由于存在误差，BMI只能作为评估个人体重和健康状况的多项标准之一，青春期男孩用它来衡量体重是否超重是一个不错的选择。

◎ 要经常称体重

青春期男孩只有清楚标准体重和自己当下的体重，才知道自己的身材怎么样，是需要增肥还是减肥？否则，可能稀里糊涂就肥胖起来或者显得过瘦。

世界卫生组织推荐男性标准体重的计算方法为：（身高−80）厘米×70％=标准体重。算出标准体重后，称量一下自己的体重，并进行对照。如果体重超标，就把标准体重作为目标，多运动，以燃烧脂肪。如果男孩的饭量很大，可以适度少吃一些，这样身材能很快恢复。

最后，再推荐一个减肥利器：体重秤。可以在房间放一个体重秤，一旦发现体重秤上的数字“高升”，立即通过“少吃”和“多动”来补救，这样身体就不容易胖起来。

◎ 一定要吃主食

馒头、米饭、大饼等食物之所以被称为主食，自然有其重要性。青少年如果经常不吃主食，后果将非常严重。

有的男孩觉得只要多吃鱼、肉、蛋，身体摄入足够的蛋白质就够了。青春期身体的成长当然需要一定的蛋白质，但是如果以鱼、肉、蛋类替代主食来充饥，就会形成高蛋白、高脂肪的膳食结构，而这样的膳食结构很容易引发电解质紊乱、低血压、疲乏、心律失常、酮症、高尿酸血症、痛风、骨质疏松、肾结石和肾功能紊乱等问题。如果男孩的膳食长期保持高脂肪、低碳水化合物，将会抑制胰岛素的分泌，降低胰岛素的敏感性，最终导致糖尿病的发生。

◎ 吃大了胃口，必胖无疑

人体的中枢神经系统内有一个专门管理摄食的中枢，称为摄食中枢。摄食中枢有两个功能对立且交互抑制的中枢，分别称为饱中枢和饿中枢。当血糖降低或者胃肠道内容物减少后，刺激传入摄食中枢，抑制饱中枢，兴奋饿中枢，人就感觉饿，于是就有摄食的欲望。

人在大快朵颐后，血糖开始上升，胃肠道被撑得满满的，刺激传入摄食中枢，抑制饿中枢，兴奋饱中枢，“饱了”当然要停止摄食。复杂的情况要另当别论，比如即使吃饱，但超级美味当前，摄食中枢就会控制不住自己，依然因刺激而兴奋，本已吃了很多，仍能胃口大开。此时，如果你不能抵制住美食的诱惑，一定会吃过量。

长期多食会使人体产生“饱感”的阈值明显上升。即使摄入很多食物，也不会产生“饱”的感觉，还要不停地吃。如此发展下去，胃口就会变得越来越大。

◎ 青春期营养摄入要均衡

青春期男孩要有足够的热能供给，每天摄入三大热能——蛋白质、脂肪和碳水化合物。蛋白质12%～14%，脂肪25%～30%，碳水化合物55%～65%，其中碳水化合物的需求量最大。

要注意，青春期男孩每日的食糖量不要超过10克。

保证摄入足够量的维生素A、维生素D以及维生素B_1、维生素B_2、维生素B_{12}及维生素C等。粗糙谷物、蔬菜、水果等富含维生素。每天要吃蔬菜400克～500克，还应多吃绿色或橙黄色蔬菜和水果，比如圆白菜、油菜、西蓝花、胡萝卜等。这些食品富含胡萝卜素、维生素B_2、维生素B_1、维生素C等。

◎ 一家人共同进餐

家庭成员经常在一起用餐，并且具有积极的用餐氛围，会防止青少年出现不健康的体重控制行为。青春期男孩在家用餐时，往往能培养出较高水平的自尊，而高自尊又是预防身体意向低满意度潜在的最为重要的一个因素。

放下独享美食的愿望，坚持一家人共同进餐的习惯，能帮助你拥有更加完美的身材。

◎ 减体重有奇招

如果既能保持体重正常，又能享受美食不饿肚子，而且胖了就能减下去，那人生该多么幸福啊！如果你有这样的想法，不妨试试下面的小妙招。

1.饭前运动

在东京召开的日本医学总会“饮食与健康”专题讨论会上，京都大学的教授提出，最好的减肥办法是坚持每餐饭前小幅度运动，运动量大小以体温升高、全身微微出汗为佳。运动结束后，休息10～15分钟再进食。

饭前运动并不意味着吃饱就躺着，在饭后也要适度运动才能不长肉。饭后做些家务，然后走出家门去遛弯或者到健身房做运动，养成良好的运动习惯，一定比窝在沙发里看电视、玩电脑少长肉。

青春期男孩即使学习很忙，每天也要抽出时间锻炼一个小时，打篮球、跑步等运动都能较好地消耗卡路里。

2.用蓝色餐具吃饭

人用眼睛这个感受器看到颜色，而后通过视觉神经刺激视丘下部和脑下垂体等，进而影响身体的效应器。蓝色属于冷色调，能减退人的食欲。如果你的体重超标，那么不妨准备一些蓝色的餐具，比如盘子、碗、小勺等，可以抑制你的食欲，以防吃得过饱。

3.多晒太阳

英国爱丁堡大学和南安普敦大学的一项联合研究显示，晒太阳有助保持身材苗条。研究人员认为，机体适度暴露在紫外线下，有助于皮肤释放出一氧化氮，它是新陈代谢中的重要物质，可以减缓发胖的速度，并减少Ⅱ型糖尿病的发病率。不过，晒太阳也要适度，以不晒伤皮肤为前提。

4.冬天室内健身

你可能不知道，同样的运动，在室外活动比在室内活动能摄入更多的碳水化合物。英国阿伯丁大学和伯明翰大学的研究人员把16名肥胖人士作为观察对象，让他们分别在温度为20℃的室内用跑步机运动45分钟，在8℃的室外运动45分钟，每次运动结束后带他们吃自助餐。根据对饮食摄取量的观察发现，在寒冷的地方运动后，摄入碳水化合物的量比在温暖场所运动后更多。看来，冬季室内运动能够抑制食欲，有利于取得更好的减肥效果。

3
强壮：肌肉男

◎ 有肌肉更强壮

一个人的身体有多强壮，内心才有多强大。只有强壮的身体才能支撑起强大的灵魂。人生的好与坏，最终在于心理能量的丰富，如果人勤于锻炼，在身体逐步强壮的过程中，精神世界就会逐渐丰满起来。

身体强壮，肌肉多，就不易发胖。肌肉是人体代谢热量的主要场所，肌肉在静息状态下消耗的热量比脂肪高，肌肉密度比脂肪大很多，同样长5斤肉，如果长的是肌肉，看上去可能体积并没有太大的变化，反而使得体形更加优美；但如果增加5斤脂肪，就会显得胖很多。

此外，如果人体的肌肉多，关节的负担就比较轻。人体每片肌肉群都对应一定的关节，肌肉群的面积越小，对应的关节就越容易受到损害。

◎ 做对运动，每天强壮一点

同样处于青春期，男孩们的体形却大不相同，有的健美挺拔，好似小白杨；有的似香蕉；有的如水桶……如果你拥有好的体形，要继续保持；如果你的体形不是很理想，也不要担心，现在就开始运动吧，偷懒就意味着身材变形。

1.健美型

健美型的身体结实健康，个子较高，肩部较宽，肌肉坚实有力。这种身材的男生，可以做各类体育运动，能胜任耐力较强的活动。从现在开始，可以比以前多做一些运动。运动量减少的代价不说你也知道，所以请继续保持吧！

2.香蕉型

如果你的身体瘦弱、赘肉少、肌肉力不强、体力不佳、内脏器官不太健康，那么不要一下子做过大强度的运动。运动强度要循序渐进，先锻炼基本体力，逐渐强化肌肉力量、持久力以及身体的柔软度，再进行重量练习，参加跳绳、游泳等动态运动。

3.水桶型

如果男孩身上各部分的皮脂太厚，体重过重，几乎没有肌肉，骨骼支撑能力就会比较弱。拥有这类身材的男孩平时要多做有氧运动，比如游泳等，可以有效消除赘肉。此外，常做静态的伸展运动，可以强化肌肉和骨骼。

4.苹果型

如果男孩的体重在标准范围内，但上臂部、臀部以及腹部到大腿的赘肉超过标准，可以多进行打球、游泳、骑马等运动。在运动前可以先做做热身运动和体操，能够有效强化肌肉力量。

5.海绵型

海绵型身材的男孩看起来很瘦弱，却有很多赘肉，肌肉力量和内脏器官的功能往往不强，体力不好。适合这类体形男孩的运动是步行、爬楼梯、跳绳、游泳等能减掉赘肉的运动。

◎ 练大块肌肉还为时过早

哪个青春期男孩不梦想着有一身精壮的肌肉，走起路来英姿飒爽呢？要想做一个肌肉男，就要勤健身。但青春期男孩并不适宜通过大量运动来练出大块肌肉。肌肉训练一般都是无氧运动，运动负荷和强度很大，而这一阶段的青少年正处于生长发育期，如果过度做这种运动，不但会影响骨骼生长，甚至会导致骨骼畸形。因此，建议未满18岁的男孩，最好不要急于练出肌肉块，可以多做一些提高耐力的运动，这样对生长发育和强身健体等都可以起到一定的推动作用。

◎ 保护好肠胃

好身体需要好营养，好营养要靠好肠胃来输送。

肠道——人体最大的免疫器官，能够保持微生态平衡，维持健康的胃肠菌群，是保护人体免疫力的重要一环，可以促进身体吸收营养和维生素等活性物质，并能有效地消除和分解毒物。

那么，青春期男孩该如何保护肠胃呢?

不要进食过冷、过热、过硬的食物。不暴饮暴食，更不要饮用烈酒、浓茶、浓咖啡等刺激性饮料。当学习紧张的时候，要学会自我调节，找时间娱乐和运动，避免精神压力过大而产生不良情绪，进而导致胃黏膜炎性病变。

不要食用腐烂或不卫生的食物，清洗水果、蔬菜时要洗净农药残留，以防肠内菌群失调，产生消化不良。

4
声音有种爆裂感

◎ 变声期

变声是男孩最明显的青春期变化之一。在青春期，男孩的喉头、声带处于生长发育阶段，因此在大声朗读、高声说话、放声歌唱的时候会出现“破嗓子”的现象，表现为声音嘶哑、音域狭窄、发音疲劳、局部充血水肿、分泌物增多等。此时男孩的声音变化明显，听起来像是紧张时候发出的爆裂声，说话时有一种戛然而止的感觉，想控制却又控制不了。男孩无须为此尴尬，过了这个阶段就会好起来。

◎ 喉头

声音是从喉头内包含声带、形似盒子的空腔中发出来的。空气在空腔中振动，从而产生声音。男孩进入青春期后，在雄性激素作用下，喉头会增大，从而使得发出的声音发生改变。

◎ 喉结

喉结是甲状软骨左右翼板构成的夹角，是喉体最突出的部位，可分为四度：

1度：无喉结，既看不见，亦摸不着；

2度：在甲状软骨夹角处仅摸到垂直棱角；

3度：可以看出垂直棱角；

4度：甲状软骨夹角突出特别明显。

在变声期前，男孩、女孩的喉结结构均为1度。变声后，男孩的喉结逐渐发展成2度或3度。

当男孩的喉头发育时，会在脖颈部突出出来，这一突起称为喉结，喉结的大小取决于喉头发育完成后的大小。

◎ 喉结不明显，正常吗

有的男生喉结不明显，因此心里会犯嘀咕。其实，完全没有必要担心。喉结不明显可能是发育比较晚，还没长出来。即使喉结一直不突出，只要内外生殖器发育良好、生长正常，声音低沉、不是“娘娘腔”，就没有问题。在医学界，已经有人不再把喉结是否突出作为判断男性第二性征发育是否正常的标准了。

◎ 甲状软骨

甲状软骨构成喉的前壁和侧壁，由左、右两块方形的软骨板构成。

◎ 声带

声带位于喉头内，由弹性蛋白质薄膜构成。男孩到了青春期，声带会增长、增宽、增厚，发出的声音变得比较低沉，偶尔也会有高音，不同于成年男性的声音。

◎ 饮食有方，保护嗓子

青春期男孩要少吃大蒜、辣椒、生姜、韭菜等，这些食物会刺激气管、喉头与声带。喝水的时候不要喝太热的开水，也不要吃太多冷饮，过冷或过热的食物对声带都不利。远离烟酒，以防加重局部无菌性炎症。

青春贴

high到极点，飙高音要小心

男孩遇到开心事就会放声高歌，但到了青春期，唱歌时一定要小心。青春期男孩大声说话和高声歌唱时，声带容易发生肿胀充血，影响嗓子的发育。特别剧烈、紧张的喊叫会使声带被拉得过紧，引起喉头和声带发炎，造成嗓音嘶哑。因此，青春期男孩在唱歌时要有所顾忌，不能一味地“飙高音”，以免对声带造成损伤。

5
苦恼：体毛多，做不了“小鲜肉”

◎ 体毛用处大

毛发是皮肤的附属器官，体毛除了是男性性征的表现之外，还能吸附脏污和细菌，保持身体皮肤的洁净。在寒冷的天气，体毛还能起到保暖的作用，保护身体柔嫩、敏感的部位不受寒凉侵扰，是身体不可缺少的防御卫士。

◎ 面部汗毛

虽然有人早一些，有人晚一些，但在十三四岁，男孩脸上的汗毛基本上都长出来了。面部汗毛的浓密、粗细、覆盖面积以及颜色主要取决于基因，并且会持续一生。

◎ 阴毛

当青春期男孩的生殖器官逐渐发育成熟时，在外生殖器上和大腿内侧就会长出毛发。刚开始这些毛发又细又软，后来逐渐变粗变糙，呈现出浓密卷曲的状态，这就是阴毛。

阴毛能够吸收外阴部位分泌出来的汗和黏液，并向周围发散，从而保证外生殖器以及身体的干净和健康。

◎ 腋毛

男孩通常在11岁左右开始长腋毛。大部分男孩的腋毛和胡须是同时出现的。人体的腋下很容易流汗，腋毛可以帮助吸汗，避免汗水向下流，保护腋下重要的神经、血管、浅表淋巴结等。青春期男孩由于运动量比较大，更容易出汗，每天一定要及时清洗，才不会有异味。

◎ 胡须

男孩进入青春期之后，都会或早或晚地开始长胡须。在雄性激素的作用下，胡须总是比头发长得更快。此外，生殖机能越是旺盛的人，胡须就长得越快。

◎ 胸毛

胸毛一般长在男人的颈与下腹之间，这也是男孩进入青春期后出现的第二性征之一，通常在青春期快结束的时候才生长出来。不过，也有的男孩只在乳头周围有几根胸毛。

◎ 手臂和腿部的汗毛

进入青春期后，男孩的手臂和腿部上很细很软的汗毛会变得又粗又长。腿部的汗毛会从阴部一直延伸到大腿、小腿等，前臂的汗毛也会比较明显。

◎ 肛毛

肛毛一般长在肛门的周围。虽然刚进入青春期的男孩对此难免有点儿不适应，但是完全不必担心，这也是第二性征的一种表现。

◎ 鼻毛

鼻毛长在鼻腔中，在一呼一吸中非常尽责地为人体阻拦大量的灰尘、细菌和异物。鼻毛长得太快会从鼻孔露出来，可用鼻毛剪子进行修整，但一定不要拔鼻毛，以免造成鼻腔损伤或发炎。

◎ 阴毛发育的6个时期

有的男孩对阴毛的外形很好奇，觉得阴毛的颜色或深或浅，长得或多或少，因此而怀疑自己的阴毛是否正常。在整个青春期，阴毛的发育分6个阶段，每个阶段会呈现不同的外貌。

第一阶段：尚未出现阴毛，或阴毛像腹部皮肤的汗毛一样不明显；

第二阶段：阴毛色泽开始加深，并逐渐加长，一般可见于阴茎根部，有时也见于阴囊的皮肤；

第三阶段：阴毛增多，围绕在阴茎根部呈一圈；

第四阶段：阴毛呈成年型，但尚不够浓密，界限不超过腹股沟的皱褶；

第五阶段：阴毛已伸展至大腿上，但腹部很少；

第六阶段：阴毛可伸展至腹部中线。

青春贴

需要脱毛吗

有的青春期男孩体毛很多，乌压压一片，因此会想脱毛。其实，这个年龄段不适宜脱毛，青春期毛发的生长很活跃，脱毛后还会长出新的毛发。

6 棱角分明一张脸

◎ 脸形变化大

在进入青春期之前，男孩的脸形比较圆，像苹果一样，但到了青春期，男孩的脸形会逐渐变成椭圆形，立体感增强，显得棱角分明，看起来也更加成熟了。对照一下以前的照片，你会真切感受到自己越来越有男子汉气概了。

◎ 青春痘

青春痘是青少年皮脂腺的一种慢性炎症性疾病。青春期少男少女的身体激素分泌旺盛，内分泌很容易失调。油性皮肤的出油量比其他肤质都要多，而且毛孔也比较粗大，好好清洁才不会造成毛孔堵塞，否则更容易长青春痘。

◎ 有痘别动手

青春期少男少女如果脸上长痘，手闲或者脸痒时常常会想抠脸上的痘痘。这种情况下，一定要控制住自己，不要摸或挤痘痘。因为手上往往携带很多细菌，用手触碰脸部可能会刺激皮肤，产生新的青春痘。此外，忍不住挤压痘痘时，会引起皮肤化脓发炎，脓疮破溃后容易形成疤痕和色素沉着，伤及真皮层，留下的凹洞和色斑可能成为终身消除不去的遗憾。

◎ 有痘更要防晒

青春痘严重时，即使好了也会留下色素斑。晒太阳时，紫外线会加深色素斑的痕迹，导致整张脸看起来不是红的就是黑的，色泽不一致。即使你不想做“小白脸”，为了防止黑斑捣乱，也要注意防晒。防晒的方法很简单，在外出时，避开阳光强烈的时间段，或者戴上帽子，尽量少用防晒乳液或者隔离霜，以免助长青春痘。

◎ 洗脸很关键

青春期男孩要注意保持皮肤的清洁，可以用温水适当地清洗脸部，但不要用那些碱性比较大的肥皂，更不要用多油脂和刺激性强的化妆品，以免加重青春痘的症状。

◎ 最简单的控油方法

即使你是油性皮肤，在进入青春期之前，由于皮脂腺没有发育，并不会分泌油脂，所以男孩感受不到那种油光光的感觉，也不会觉得自己的皮肤跟别人有什么两样。但青春期开始后，情况就变了。青春期男孩的皮脂腺开始发育，油脂会大量出现，这时如果清洁不当，会造成毛孔堵塞，甚至会出现黑头。

最简单的控油方法，就是使用水龙头或者淋浴喷头洗脸。洗完后不要用毛巾在脸上揉搓，否则容易刺激皮肤或堵塞毛孔。

7 日常护肤有讲究

青春期男孩脸部的油脂分泌过多容易造成毛孔阻塞，一定要清洁，否则皮肤表面附着的灰尘等会加重毛孔阻塞，出现粉刺、毛囊炎、毛孔粗大等继发性皮肤问题。虽然油脂可以保护和滋润皮肤，但还是需要使用具有保湿成分的润肤产品来保持皮肤的润泽，否则皮肤容易缺水，从而刺激皮脂腺分泌更多的油脂，形成恶性循环。

◎ 干净男生要学会剃须

男孩的胡须长得很快，有的还特别浓密，需要经常刮胡须、修面。刮胡须应选择在早晨进行，因为此时脸部和表皮都处于放松状态，刮胡须时不容易伤及皮肤。

要选择品质好、刺激性小的剃须膏和温和的剃须水。先洗净脸部，待毛孔放松张开、胡须变软后再开始剃须。

操作时，应该按照鬓角—脸颊—脖子—嘴唇周围—下巴的顺序来剃须。剃须后，应该先用温水洗脸，再用凉水冲一遍，以利于张开的毛孔收缩复原。之后，要涂些滋润液或滋润霜等，以安抚皮肤，减少刺痛。

此外，平时切忌用手或镊子乱拔胡须，以免因细菌入侵而引起毛囊炎、疖、毛孔外翻等皮肤病，从而损伤皮肤。

◎ 注意防晒、防冻

青少年要注意保护脸部皮肤，做到夏天防晒，冬天防冻。夏日出门时不要忘了准备些防晒油或防晒霜之类的防护品，以防皮肤晒伤。专家认为，皮肤防晒应从春天开始，虽然春天并无夏日的炎炎烈日，却干燥多风，晴天多，云量少，紫外线非常强烈。因此，从 4 月份起就可以使用防晒品。隆冬季节外出时，要涂些油脂或防冻膏，以防面部被冻伤或皲裂。晚上临睡前，也要涂一些滋润霜。如果嘴唇干裂，可涂点儿唇膏，使唇部的皮肤得到充分的营养而保持湿润光泽。

◎ 按皮肤类型进行保养

油性皮肤、干性皮肤和混合性皮肤的表现不一样，对营养的需求也不同。青春期男孩最好到专业机构确定自己是哪类肌肤，然后根据皮肤的性质和特点来选择护肤品进行保养。

1.油性皮肤

80%的油性皮肤都缺水，这种皮肤类型的男孩要勤用温水洗脸，以防止灰尘堵塞皮脂腺孔；同时少食或不食酒、辣椒等刺激性食物，不吸烟。

2.干性皮肤

缺水性干性肌肤需要注重补水，缺油性干性肌肤则需要同时补水和补油，关键是确保脸部皮肤保湿、滋润。早晨起床后，可以先喝一杯水，能够有效起到补水的作用。

3.混合性皮肤

对于混合性皮肤而言，在选择护肤品时，要尽量选择具有控油、保湿、滋润三效合一的乳液，这种乳液不仅能迅速滋润干燥部位，还能降低T字区的油脂分泌。此外，最好每周做1～2次面膜，以达到深层补水的目的。

◎ 按皮肤类型洗脸

作为护肤的第一步，只用清水随便洗几下脸并不能起到彻底清洁脸部的作用。即使男孩一整天待在家里，没有风吹日晒，皮肤每天仍会有污垢、皮脂、汗液和残留的护肤品，因此青春期男孩每天都需要认认真真洗脸。

如果你属于油性皮肤，毛孔粗大且角质肥厚，刚从外面回来时，可先用毛巾热敷脸部几分钟，等脸部皮肤的血液循环加快后，再用洁面皂或者洗面乳打圈清洁脸部。

如果你是混合性皮肤，就用温水和洁面品进行清洗，注意要重点清洁T字区。

如果你是干性皮肤，就用冷水和温水交替洗脸，这样可以促进皮肤的血液循环，增加皮肤的弹性。

◎ 食物混搭让皮肤更好

皮肤润滑有光泽离不开微量元素的作用。缺铁可能引起缺铁性贫血，逐渐使皮肤变得干燥，脸色苍白甚至发生浮肿。缺锌则容易导致脸颊出现皱纹，皮肤粗糙而缺少弹性，还容易患粉刺等皮肤疾病。

青春期男孩的饮食越丰富，微量元素摄取量就越充分。有些食物一起吃，能大大提升微量元素的吸收率。举个例子，大米中的铁吸收率仅为1％，如果与肉、肝和绿叶蔬菜混食，吸收率可提高到10％以上。再比如，蛋中的铁吸收率也较低，如果同时进食绿叶菜和橘汁等，铁的吸收率也能大幅度提高。总之，餐桌上的食物越丰富，品类越多，搭配越合理，越能保证微量元素的摄取量，从而能够为皮肤提供各种有益的营养，保证肌肤的活力。

8
男孩的乳房也发育

◎ 乳房开始发育

男孩进入青春发育期后，由于体内激素水平的急速上升和不平衡，乳房也会开始发育，并长出乳腺组织。这时有的男孩会感到害怕，误认为自己是个“怪人”。

其实，青春期男孩出现乳房发育的情况很正常。乳房主要是由乳腺组织和脂肪及结缔组织构成的，乳腺细胞的表面存在着能识别和接受雌性激素的特殊结构。当雌性激素与乳腺细胞的受体结合后，乳腺细胞的代谢就活跃起来，促使乳腺细胞增生，乳房发育隆起。

男孩在青春期的乳房发育是过渡性的，到了发育后期往往就会自行消失。还有的男孩乳房完全不发育，这也很正常。据统计，在青春期，约有1/3的男孩曾有过乳房增大的现象。

◎ 乳腺增生

男性乳腺增生分为病理性增生和生理性增生，青春期男孩的乳腺增生症主要是生理性乳腺增生，发生率为39%左右，大多发生在13~14岁。在这个时间段，如果你发现乳房有肿块或者疼痛，要及时就医确诊。

◎ 乳房有肿块，需要就医吗

青春期男孩的乳房发育现象比较普遍，可视为一种正常的发育现象。不过，如果发育时间过长，乳房肿块一两年也不消失，而且出现异状或有疼痛感，就需要去医院就诊。

◎ 乳房持续增大，怎么办

乳房增大通常分为两种情况。

大多数处在青春发育期的男孩都会有轻度的乳房增大，俗称“发体”。一般不必太在意，多在1~1.5年能自行恢复到正常状态。

有少数13~18岁的男孩会有青春期乳房肥大症，其特征为双侧乳腺增大较明显，直径2厘米~4厘米，常在两侧乳晕区下摸到纽扣样肿块，其质地偏硬，触及有轻度压痛和胀痛。多见于双侧乳房，肿块与乳头呈同心圆的位置。

青春期男孩的生理性乳房增大通常会自行消失，如果经过一年多的时间仍未消退，反而有增大的趋势，甚至像女孩乳房一样微微隆起，就可能是内分泌失调或其他病理现象，需要及时就医。

◎ 避免雌性激素的摄入

青春期男孩学习比较紧张，很多父母体贴孩子，为了给孩子补充体力和脑力，会让孩子服用一些保健品。而很多保健品中都含有雌性激素，会引起男性乳房发育症。因此，食用保健品时要慎重选择。

此外，过多接触含雌性激素的皮肤洗涤液、洗发液等，或者服用异烟肼、海洛因等药物，也会引起男性乳腺发育增大。因此，青春期男孩可以经常看看自家的日用品是否合格，以防引起乳腺发育增大。

PART 04

正视性发育问题，不逃避

性对青春期男孩来讲是个躲不开的话题，虽然社会上禁止男孩有婚前性行为，却提倡男孩了解和正视性的问题。只有了解，才更知轻重，才不会跟随身体的欲念“无畏无惧”地伤害无辜的女孩。

1
身体里的小蝌蚪：精子

◎ 精子是如何生成的

就像植物留下种子才能延续生命一样，人类有了精子才能孕育下一代。进入青春期后，男孩的睾丸迅速发育，容积可达12立方厘米以上。里面的曲精细管长度及曲折程度增加，管腔增粗，管壁基膜上精原细胞不断分裂繁殖，就形成了精子。

◎ 小蝌蚪形的精子

精子的外表形状似蝌蚪，总长约66微米，分头、尾两部分。头部正面呈椭圆形，侧面呈梨形，内含一个染色质十分致密的细胞核和一个顶体。顶体是一种膜系细胞器，呈帽状罩于细胞核的前方。顶体内含多种水解酶，如透明质酸酶、顶体酶和酸性磷酸酶等，相当于巨大的溶酶体，有助于受精过程中穿透女性体内成熟卵子的外壳。

精子尾部的中心含一条贯穿全尾的轴丝（类似鞭毛），中段含有螺旋状排列的线粒体。

◎ 你有强大的生精能力

每个精原细胞经过约72天的分裂，最终会变成4个精子，其中两个是X型，两个是Y型。成人的睾丸有巨大的生精能力，每天都有5000万个新的精原细胞产生。

成人每克睾丸组织一天约产生1000万个精子，两侧睾丸重30克~40克，每天产生的精子可达数亿个。

◎ 你的内衣合格吗

男孩的生精能力虽然是天生的，但也经不起破坏。美国最新的研究数据显示，男性的内衣不仅会影响精子的质量，还有可能关系到青少年的发育问题。

男性的睾丸需在较低的温度下才能产生精子。因此，青春期男孩不要穿聚酯材料的内衣，这种衣服容易产生静电，也会减少精子数量。即使男孩穿的是棉质内衣，也不能紧绷，紧绷的内衣会导致阴部温度太高，从而影响生精能力。

◎ 裸睡

睾丸的温度在35℃时生理功能最佳。男孩在晚上睡觉时盖着厚厚的被子，还穿着内衣，可能很难保持这个温度，从而影响生殖能力。如果裸睡或者穿比较宽大的内衣，情况就会得到改善。

2
精液是怎么产生的

◎ 精液是精子吗

精液由睾丸产生的精子、精浆（前列腺、精囊分泌的液体）组成。精液的主要成分是水，水占精液的90%以上；除精子外，其他细胞占1%左右，另外还有脂肪、蛋白质、无机盐、果糖等。

◎ 精液的品质

精液的质量好不好，体现了男孩的身体健康状况。精液质量不好，可以分为几种情况：精子数量少，是少精症；精子数量不少，但活动力不好，叫弱精症；精子活动力尚可，数量也不少，但形态不好，叫畸精症。

◎ 精液自检

精液的质量反映了男孩的性健康状况，因此男孩要学会如何辨别健康精液质量。当身体疾病反映在精液上时，对治疗是一种不错的提示。

1.射精量

男子正常射精时，射出来的精液是2毫升～6毫升，低于2毫升就表明不正常，精液太多也不正常。

2.气味

凑近闻一闻，正常的精液有一种腥味。

3.颜色

健康精液的颜色是灰白色稍微带点儿黄色，或者是灰白色。黏稠度适中，不是非常黏，也不是非常稀。

4.30分钟后是否液化

精液射出后，在精囊凝固酶的作用下会变为胶冻状，经过15～30分钟后，又在前列腺液化酶的作用下变为液体，这个过程称为精液液化。如果精液射出30分钟后仍不液化，则属于异常情况。

5.稠度

用玻璃棒接触已经液化的精液，轻轻提起后会形成精液丝，精液丝长度应小于2厘米。

3
遗精可怕吗

◎ 遗精

男孩的睾丸产生精液后会储存在身体里，会有一部分精液没任何先兆地流出身体，这是怎么回事？青春期男孩一定要了解这种生理现象，这样才不会事到临头时胆战心惊。

这个过程就是遗精。遗精是指在没有性交和自慰的情况下的射精。男孩进入青春期后，会在睡觉时出现第一次遗精。遗精通常发生在梦中，所以叫“梦遗”。梦的内容可能与性有关，也可能与性没关系。

◎ 遗精伤身体吗

精液中含有精子和精浆，其中精子占5%～10%，一次遗精2毫升～6毫升，每毫升含精子1亿～2亿个。对于生精能力极强的睾丸组织来讲，偶尔遗精一次，并不会伤害身体。青春期男孩可能一个月出现一两次梦遗。从某种程度上来讲，遗精能够解除身体的紧张，使身体达到生理平衡，这个过程并不会影响身体健康。

◎ 梦遗后，要放松

有的男孩梦遗后会从睡梦中惊醒，并因此感到忐忑不安。千万不要紧张，只需要收拾干净，换上干净的内衣和床单继续睡就行了。不要担心被父母发现，这是青春期男孩正常的生理现象，他们都懂。如果过度紧张，可能会引发失眠、头痛、头晕、无精打采、疲乏无力等症状，影响第二天的学习和生活。

◎ 流白怎么回事

男孩在受到有关性的刺激后（包括意识、视听或局部接触等性刺激），尿道口偶尔会流出少许清亮的分泌物。遇到这种情况，男孩无须不安，那是由尿道球腺、尿道旁腺、前列腺等所分泌出的一种液体，由于阴茎海绵体充血，阴茎勃起压迫尿道旁腺而分泌出的没有精子的分泌物。这完全是一种正常的生理反应，不必担心。

4
神奇的性行为

◎ 性行为

性行为是指为满足性欲和获得性快感而做出的动作与活动。性行为并不只意味着性交，还包括接吻、自慰等。

当男孩进入青春期，有了性欲望后，就会渴望性行为。男孩在学生时期需要适当控制自己的性欲望，特别是17岁左右的青春期男孩，在这个年龄段，发生接吻和性行为的比例最高。

◎ 当精子遇到卵子

射精是雄性动物在进行性行为时将精液射出的反射性动作。射精是一个非常复杂的神经、生理反射过程，喷射力较大，精液射程15厘米～20厘米，最高可达1米。

精子和卵子结合的过程叫作受孕或受精。精子是如何与女性的卵子结合的呢？身负传宗接代使命的精子，具有较强的运动能力。性交时，精液被射入阴道，精子从精浆中游出，穿越子宫颈、子宫腔、输卵管峡部，最后抵达输卵管壶腹部与卵子相遇，将遗传物质送入卵子细胞内。

精子分为头、体、尾三部分，头部参与受精，细胞核在头部，含有人类一半的遗传物质，即23条染色体，尾部通过摆动使精子具有活动能力。

性交后有可能导致女方怀孕。除这一点之外，男孩还要懂得，“偶尔进行一次性行为不会导致怀孕”是在自欺欺人，你一时的冲动行为可能让女孩受孕，因此一定要慎重看待婚前性行为。

◎ 女孩流产有危险

女孩施行人流手术需要在专业医院经医生检查，并根据身体的健康状况、有无药物过敏史、孕期长短、经B超检查有无宫外孕情况等，最终确定适合自己身体状况的手术方法。

不过，出于经济或者保密的原因，很多女孩会选择小诊所去流产，小诊所可能存在器具消毒不彻底、医生的业务水平有限、检查不够全面等问题，无论哪一项都会造成术后欲哭无泪的悲剧，比如盆腔炎、宫颈炎或不规则的出血等，严重的还会导致终身不孕。

如果是你的原因给女孩带来了这样的伤害，你负担得起这个责任吗？

◎ 给自控力加层防护：避孕

男孩如果懂得避孕方法，就不至于给女孩造成更大的伤害。避孕的方法有很多。

1.口服避孕药

避孕药比较安全，对人体代谢的影响也比较小。美国研究人员在过去几年中针对市面上最常见的44种避孕药进行了深入分析，结果显示，没有证据表明服用避孕药会导致人的体重增加或其他不良影响。

2.避孕套

虽然避孕套不能保证百分之百不怀孕，但如果使用正确，就能有效起到避孕的作用。选择避孕套的关键是大小合适。太大的避孕套很容易脱落，太小的避孕套又会有不适感。一般先选择中号，如不合适再选用大号或小号。在购买前最好先测量一下阴茎的直径。

◎ 性感女郎的图片

当男孩进入青春期后，常常会有看性感女性图片的愿望。不管是在电脑上，还是在纸媒杂志上，男孩一有机会就会偷偷地看这类照片。这是很正常的现象。不过，最好的方法是找一本专门写给男孩看的青春期图书，里面的内容科学、详细而健康，既能满足男孩的好奇心，同时这类图书的语言风格比较客观、冷静，没有挑逗性，能帮助男孩保持理智，并学会很多关于性健康的知识。

青春贴

可怕的性侵犯

男孩被性侵犯的情况并不少见。性侵对男孩带来的伤害，远比我们想象的严重。

多数男性受害者在被性侵犯的过程中都会有生理反应，如勃起或射精，受害者会困惑于自己的性反应，因此大多数性侵受害者会选择沉默应对，但又不排除内心会产生焦虑情绪，时常幻想着报复对方。

此外，性侵受害者由于自尊心受到伤害，难以在公众场合控制自己的情绪，从而导致社交能力下降，部分严重者开始酗酒、吸毒、自残甚至自杀。

因此，男孩也要学会防范性侵犯，在日常生活中做到以下几点。

1.在公共场合不要穿着太暴露；

2.不要跟陌生人去偏僻地方或者个人住所；

3.如果发现有人动机不纯或言行暧昧，不管对方是谁，都要快速离开；

4.遭遇性侵时要果断禁止，高声求助。

5 自慰

◎ 什么是自慰

自慰是指在没有异性参与时自我进行的满足性欲的活动。一般有性幻想、性梦和手淫3种形式。

当一个人的性能量积聚到一定程度，就会产生性兴奋，自慰就成为一件自然而然的事情。但青春期男孩要知道，自慰是为了满足性需要，而不是引发性兴奋或对付烦恼和填补空虚的方式。长期的性压抑反而会使男孩感到坐立不安、夜不能寐。自慰使受抑制的性欲和性冲动得到解脱，如果自慰适度，且不沉迷其中，会有利于男孩踏实学习和健康生活。

◎ 自慰最常见的3种方式

对青春期男孩来讲，自慰是一个怎样的过程呢？男孩了解之后就不会再感到疑虑和纠结了。

1.性幻想

性幻想是指在清醒状态下，对不能实现的与性有关的事件的想象。青春期男孩对异性有着强烈的爱慕和渴望，但又不能与所爱慕的异性发生性行为，因此在入睡前或者闲时躺在床上，会不由自主地反复想象影视剧中与性有关的镜头或书本上描述的爱情故事，并进行重新组合，虚构一个自己和女孩在一起的故事，常常在进行性幻想的时候，不由自主就会手淫。

当男孩脑海里不断出现性画面的时候，要明白这是一种正常的性宣泄方式，但不能因此而影响学习。你可以对自己说："在青春期，我有这样的想法很正常。但现在我要放下这件事，认真地看书。"

2.性梦

性梦是指在睡梦中与异性发生性行为，以达到性满足的现象。这是青春期男孩性发育过程中正常的心理现象。据国外资料报道，男性性梦的发生率多于女性；男性的性梦多发于青春期，女性的性梦则多发于青春期之后。

3.手淫

手淫是指通过自我抚弄或刺激性器官而产生性兴奋或性高潮的行为，这种刺激可以通过手或其他物体来诱导发生。手淫现象在青春期男孩当中比较多见。

◎ 谁在自慰

进入青春期后，男孩的性欲会渐渐增强，身体会有所反应，有的男孩会有自慰的行为。据荷兰的一份官方数据统计，全世界约有80%的人都有自慰的习惯。因此，青春期男孩应该正确看待自慰这件事，不要把它视作洪水猛兽。

◎ 允许自己偶尔情不自禁

20世纪50年代后期，金赛研究了16000例美国男女的性行为。研究结果指出，92％的男性和58％的女性有自慰的行为，而且很多人在没有产生恶性后果以后便改变了自慰有害的看法。

男孩要懂得，偶尔自慰能够缓解性压力，对身体也没有害处，还能促进阴茎的发育，不要为此而感到恐惧。偶尔发泄一次，不要有心理压力，更不要觉得自己堕落。

◎ 自慰后，请放松

随着学术研究的发展，人们已经不再把自慰行为看作心理或生理的疾病。自慰是正常的生理和心理现象。只要不是经常发生，对健康和正常的心理发育都不会造成影响。

对于如何看待自慰的问题，我国医学专家吴阶平教授认为：“不以好奇去开始，不以发生而烦恼，已成习惯后要有克服的决心，克服以后就不再担心，这样便不会有任何不良后果。”即使自慰，也不要有后悔、羞愧、担心、忧郁等心理，这些负面情绪会影响青少年正常的生活和学习。正确的做法是放松心情，该干什么干什么，但也要控制自己，不要过度自慰。

◎ 看你是否手淫过度

过度手淫会使大脑的性中枢经常处于兴奋状态，长此下去，就会使性中枢疲乏最后衰竭，影响正常的性功能，容易发生早泄。

那么，该如何判断是否过度手淫呢?

1.看次数

现代医学认为，男子的遗精周期是每月1～8次。如果手淫次数远远超出这个数字，则是为追求快感而导致的手淫过度。

2.看体质

如果手淫后出现体倦乏力、消瘦、精神萎靡、失眠、记忆力减退或注意力不集中，甚至容易患病等，就说明手淫过度。如果手淫次数不多，但因恐惧、悔恨导致精神负担过重，甚至出现神经衰弱症状等，也应视为手淫过度的表现。

3.迷恋程度

每逢看小说、影视引起性冲动，就有手淫的欲念或者进行自慰，就属于手淫过度。

4.性器官是否感到不适

手淫时或手淫后，如果性器官出现隐痛、麻木等不适的感觉，或者手淫后经常出现排尿不适或尿道烧灼样不舒适的现象，都是手淫过度的表现。

5.性反应是否变化

如果手淫达到射精或者性高潮所需的时间一次比一次延长，或者手淫刺激的强度一次比一次增加才能达到射精或性高潮，则表明手淫过度。

◎ 过度手淫导致滑精

手淫需要进行适当的控制，否则青少年可能陷入一次又一次的习惯性手淫中。不断地手淫，可能导致一些泌尿生殖系统的病症，如尿频、阴囊潮湿发凉、睾丸坠痛、后腰部酸痛等，以及慢性前列腺炎、精囊炎、尿道炎和精索静脉曲张等疾病。这些病症和炎性反应会刺激大脑皮层，反射性地引起遗精。

青春期男孩一旦感知自己手淫过度却又控制不住自己时，必然会加重思想负担，陷入精神压抑中。时间久了，大脑皮质受到抑制而失去对下级中枢的控制，在睡眠过程中自主神经就会自发地将精液排出，这就是遗精。

◎ 管住自己，不过度手淫

为了避免不可抑制地进行手淫，男孩需要控制自己，可以通过以下方式把心思挪到别处。

1.坚持进行体育锻炼，感到心猿意马时，就去做运动，这样能够有效转移注意力；

2.把心思放在学习上，获取知识的满足感能够提升学习的主动性，也让自己没时间想入非非；

3.除了上厕所之外，严禁接触身体的隐私部位；

4.闲时避免独处，可以找几个好的伙伴一起聊天、运动、做游戏等；

5.不要加入经常聊性的微信群或者QQ群，以免引发性冲动；

6.洗澡最好别超过10分钟，不对着镜子自我欣赏；

7.睡前读物不要选择言情类的；

8.早晨醒来快速起床，并做适量的运动。

6
不敢说：私密处痒

◎ 内裤怎么黏黏糊糊的

男孩的会阴区皱褶多，汗腺多，分泌物多，再加上性冲动时产生的分泌物，如果不及时清洗、换内衣，就会有黏黏糊糊的感觉。如果内衣不是棉质的，感觉就更差劲了。此外，不及时更换内衣，还容易滋生细菌，不利于青春期男孩的身体发育。因此，青春期男孩一定要经常洗澡和清洗内衣裤。

◎ 了解性传播疾病

进入青春期后，男孩的性渴望会增强，常常会出现性冲动。为避免留下遗憾，青春期的男孩有必要了解一下性行为可能带来的性传播疾病。

通过性交或类似的性行为而传染的疾病统称为性传播疾病。性传播疾病已经取代了性病这个传统的旧概念，把过去认为的性病统称为经典性病。经典性病专指梅毒、淋病、软下疳、性病性淋巴肉芽肿、腹股沟肉芽肿这5种疾病。

性传播疾病除上述5种经典性病外，几乎涉及医学微生物所有范围内的疾病。性传播疾病主要包括以下几种：

细菌性疾病：梅毒、淋病、软下疳、腹股沟肉芽肿等；

病毒性疾病：艾滋病、生殖器疱疹、尖锐湿疣等；

真菌性疾病：生殖器念珠菌病等；

衣原性疾病：性病性淋巴肉芽肿、非淋菌性尿道炎；

昆虫性疾病：滴虫病、疥疮、阴虱等。

◎ 性传播疾病危害大

首先，性传播疾病危害身体健康。尤其是淋病和非淋菌性尿道炎，如果治疗不及时，会导致腹膜炎、前列腺炎、输卵管积脓和盆腔脓肿等。梅毒不仅侵犯皮肤及黏膜，还会侵犯全身脏器，如心血管等，还可能导致主动脉炎、主动脉闭锁不全、主动脉瘤、冠状动脉狭窄。神经梅毒还可能导致脊髓损害及进行性麻痹痴呆。

其次，性传播疾病危害心理健康。很多人患上性传播疾病后不愿对人言说，只能放到心里，而这种疾病通常治疗周期比较长，容易反复发作，会给患者造成很大的精神压力。

青春贴

不要无所谓

有人觉得青少年不会感染性传播疾病，事实上并非如此。在艾滋病病毒感染者中，19岁以下的儿童、青少年已占到约7.4%。艾滋病作为世纪杀手，受感染者和病人的年龄有1/3集中在15～24岁。

性传播疾病的知识涉及身心健康，很多父母想跟孩子谈这个话题，但又不知道怎么开口。青春期男孩不要觉得这是个隐私话题，难以启齿。只要态度正确、落落大方，像请教学习与科学那样向父母请教，父母都愿意给予指导。

7 我成了“臭男孩”

◎ 体臭不是病

很多男孩闻到自己的身体有股味，心里感到很忐忑，猜疑自己是不是生病了，其实并不是。男孩进入青春期后，身上自然会有一种味道。

体臭常见于青少年，夏季往往更加严重，常伴有色汗，以黄色多见。青春期男孩发生体臭的主要原因是大汗腺分泌功能异常，大汗腺分泌旺盛，分泌物中包含的有机物被细菌分解后会产生不饱和脂肪酸，从而导致臭味的产生。大汗腺受内分泌的影响，在青春期时非常旺盛，到50岁以后，体臭就会减轻或消失。

◎ 不要着急手术

很多青春期男孩厌恶自己的体臭，想尽快通过医治来解决烦恼。

但要注意，对于18岁以下的青少年不提倡进行手术治疗，可以从饮食、卫生等方面来减轻体臭。

青春期男孩正处在发育期，汗腺分泌较为旺盛，因此身上会有一些异味，及时洗澡能有效减轻异味。如果父母的身体没有异味，那么你身上的异味通常不是遗传产生的，而是青春期的一种生理现象，青春期过后就会有所好转。

◎ 少吃刺激性食物

饮食与体味密切相关。科学研究发现，肉食主义者的汗与素食主义者的汗相比，后者的气味更淡，在预防体臭上具有压倒性优势。此外，咖喱、小茴香、大蒜、萝卜等具有较强的刺激性气味，在出门前那一餐要尽量少吃或者不吃。否则，就会加重体味。

◎ 脚臭

脚臭是由于脚心出汗过多而导致的。人的脚心有许多汗腺，平均每平方厘米有620个汗腺，比身体的其他部位多出2～4倍。在运动的时候，脚部要比其他部位出汗更多，如果不及时清洗，就容易导致脚臭。

◎ 用盐巧除脚臭

有的男孩在洗澡时站在喷头下面，把脚连同身体一起冲一遍就算洗过脚了。可是洗完后，臭味还在，脚像没洗一样。一定要改变这种洗脚的方法，要专门用一个脚盆来洗脚，才能有效消除脚上的气味。洗脚时，可以在洗脚水里加入少量食盐和25克左右茶叶，浸泡双脚10分钟左右，能有效除臭。

洗鞋和袜子时，也可以在水里放一些盐，浸泡15分钟后再用洗涤剂刷洗，并用清水洗净，这样可以有效去除臭味。

◎ 精液特有的味道

青春期男孩的下体有异味是一种正常的生理现象。青春期男孩的身体发育得较快，阴囊里的睾丸开始产生精子，精子必须在合适温度下才能产生。阴囊皮肤有许多皱褶，汗腺十分发达，这些结构有利于睾丸的温度调节——局部温度低时，阴囊皮肤皱褶收缩、汗毛孔关闭，可以防止体热流失；在热天或运动时身体温度升高，阴囊皮肤皱褶就舒张，汗毛孔开放，让体热散发出来。在散热的过程中，精液特有的气味就会散发出来。

◎ 残留物味道

青春期男孩汗腺分泌旺盛，生殖器部位比较隐秘，容易出汗，残留的汗液就会产生异味。有时由于不小心，生殖器周围还会有残留的尿液、粪渣等，在细菌的作用下，就会形成一种刺鼻的气味。

◎ 细菌感染的味道

男孩如果包皮过长，再加上清洗不及时，包皮内常留有包皮垢，细菌繁殖后会使下身产生奇怪的气味。如果不及时清除包皮垢，还容易引起龟头炎、包皮炎甚至尿道感染等疾病。那样就会影响健康，而且味道也会更明显。

◎ 每天清洗生殖器

如果每天都清洗身体，尤其是生殖器周围，汗味、异味就会消除，皮肤上只留下沐浴液的香味，是不是更神清气爽呢？

青春期男孩在清洗生殖器附近时要注意，水不要太热，要先洗生殖器官，再洗肛门，洗过肛门后就不能用同一盆水再洗生殖器官。擦拭的时候，选择清洗、晒干的专用毛巾，并按照正确的顺序来擦拭。

◎ 每天洗澡

洗澡之所以能够缓解疲劳，一个重要的原因就是当身体内部暖和，并排出一定的汗液后，体内的垃圾就会代谢出来，因此身体会感到很轻松、很舒服。洗澡时间可以选择在睡前1～2个小时，方法最好是在浴盆里泡澡。有研究表明，38℃左右的温水最容易消除疲劳。

早晨起来很适合淋浴，淋浴能够唤醒身心，消除体味，让你白天能够精神饱满地投入到工作和学习中去。

8 阴茎不由自主地勃起

◎ 为什么会勃起

某一天，如果你的生殖器部位翘立起来，你心里是否会想：为什么会这样呢?

事实上，这是一种正常的生理现象。当阴茎受到刺激时，阴茎海绵体的血窦内血液增多，阴茎就会因膨大、增粗、变硬而勃起，并微微向腹部弯曲。

◎ 阴茎会自发性勃起

对男性来讲，最尴尬的事情莫过于阴茎自发性勃起。想一想，在大庭广众之下，你的裤子突然撑起来了，却不知道是怎么回事，你旁若无人的样子会让别人很尴尬。男孩要想避免这些尴尬的场景，就需要学习相关的知识。

阴茎的自发性勃起没有任何理由，只是身体为适应新的性激素水平而做出的反应。那么，如何才能不在众人面前栽面子呢？可以试试以下的方法。

1.穿肥大的衣服，可以掩盖突如其来的身体反应。衣衫单薄的夏天，着装更要肥大一些，比如穿运动服等。

2.一旦发生自发性勃起，要尽快找个地方坐下来，用书包或其他可利用的物品，如桌椅、树木、花丛等挡住生殖器部位。

3.尽量想一些别的事情，转移自己的注意力，以帮助消退勃起。

◎ 阴茎“歪头”了

大多数情况下，勃起的阴茎与身体构成直角，甚至几乎垂直向上。但是也有许多人的阴茎勃起时略有弯曲。为什么阴茎会出现“歪头”的现象呢？这是由阴茎的生理构造决定的。阴茎实际上由三条海绵体组成，三条海绵体的充血程度不完全相同时，阴茎勃起的方向不一定是正前方，会偏向一侧、向上翘，并不一定是直角。当阴茎疲软时，三条海绵体疲软程度不同，阴茎头也不一定指向正下方，有时也可能指向前下方。

◎ 什么时间勃起

在以下几种情况下，阴茎更容易勃起，了解这些，就可以有效避免尴尬的场景。

1.感到紧张或兴奋时，不妨换个环境，让自己冷静下来；

2.需要排尿时，要及时排尿，别憋着；

3.睡觉时，要保持心情平静，不要想入非非；睡不着时，可以回忆曾经去过的某个风景宜人的景点等；

4.清晨睡醒后要尽快起床，起床后进行读书或锻炼；

5.夜间阴茎会有无数次的勃起，为避免刺激，要尽量穿宽松的睡衣，房间的温度也不要太高。

PART 05

养成良好习惯，做好卫生保健

青春期男孩常常会因为一些不良的行为习惯，导致很麻烦的疾病，比如牙龈炎、牙周炎、近视、失聪等。从现在起，请养成良好的卫生、行为习惯，以避免疾病侵袭身体。

1 保护好牙齿

◎ 青春期牙龈炎

如果青春期男孩牙龈充血、发红、肿胀，刷牙或咬硬物时出血明显，多是患上了青春期牙龈炎。进入青春期后，乳牙被恒牙所替换，新长出来的恒牙排列不整齐，如果刷牙时马马虎虎，牙齿上就会堆满牙菌斑，这种细菌滞留在牙齿周围，容易引起牙龈组织发炎，从而导致患上牙龈炎。

青春期男孩的内分泌水平变化比较大，当人体血液循环中的性激素作用于牙龈组织时，就会使牙龈组织对细菌刺激的反应加重，少量的细菌刺激就有可能导致较为严重的牙龈炎。

◎ 好好刷牙

青少年在早晚必须刷牙、漱口，最好在每顿饭后都刷牙、漱口。

每次刷牙时间不少于3分钟。睡前刷牙后不再吃任何东西，以维护一夜的口腔卫生。

刷牙的时候，置刷毛的毛尖与牙齿牙龈面成45° 角而轻度加压，刷毛顶端部分进入龈沟，部分在沟外，然后向前后颤动6～8次，颤动时刷毛移动仅为1毫米左右。上颌牙由上向下刷，下颌牙由下向上刷，各部位重复10次左右，里外刷法相同。

刷上前牙腭面和下前牙舌面时，可将刷头坚立，上牙由上向下刷，下牙由下向上刷。

刷上下牙咬合面时，将牙刷置于牙齿咬合面上，稍用力沿水平方向来回刷，以清洁牙合面的窝沟点隙。

刷牙的时候一定不要着急，以免有遗漏的区域；更不要图快，只刷牙齿的外面，不刷牙齿的里面。

◎ 选一支好牙刷

保健牙刷刷毛柔软，刷面平坦，刷头不大，刷毛尖端磨圆，既能有效地消除牙菌斑，又不会损伤牙齿和牙龈。青少年在选择牙刷时，可以考虑选择这类牙刷。

牙刷柄和刷毛最好呈垂直或几近垂直状。刷毛的尖端要呈浑圆形状，以免伤害牙龈。

◎ 电动牙刷怎么用

电动牙刷带有计时器功能，可以帮助我们更好地刷牙。电动牙刷通常设有两分钟的刷牙时间，每30秒会有一个短暂的停顿来提醒你。把牙齿分为上牙外侧、上牙内侧、下牙外侧、下牙内侧四个区域，在刷牙时依次进行清洁，每个区域刷30秒即可。

在使用声波电动牙刷时，以小角度将刷毛对准牙龈线放在牙齿上，然后开启开关。在刷牙过程中轻轻用一点力，让声波震动牙刷产生流动洁力来刷牙。在刷牙过程中，将刷头在牙齿间来回小幅度缓慢移动，这样能让长刷毛充分清洁牙缝。

◎ 青春期适合牙齿矫正

有些男孩的牙齿存在排列不齐、牙位拥挤、错颌等情况。进入青春期后，就可以考虑进行矫正。青春期男孩的牙弓、颌骨正处于发育阶段，可塑性很大，正适合进行牙颌畸形矫正。

2 青春期易患牙周炎

◎ 牙菌斑是导致牙周炎的主要因素

牙菌斑是基质包裹的黏附于牙面、牙间或修复体表面的软而未矿化的细菌性群体，是一种不能被水冲去或漱掉的细菌性生物膜。牙菌斑如果不及时清理，就会钙化形成牙石，形成牙石之后，就不能用日常的口腔护理方法来清除了。

青少年在12岁以后，会换一副新牙，如果不及时刷牙，牙菌斑会牢固地黏附在牙齿表面，产生酸性物质，从而引起牙质脱钙龋坏，也可以因牙齿的代谢产物刺激牙周组织而造成牙周病。

青春期男孩的牙齿保健重在预防牙菌斑，一旦刷牙有出血，就应该去看牙医，牙医能教会你彻底清除牙菌斑的方法，比如如何正确刷牙和使用牙线等。

◎ 牙周炎

牙周炎是由牙菌斑中的微生物所引起的牙周支持组织的慢性感染性疾病。常见的症状有：刷牙、咬食物时出血，有的早晨起来发现唾液中带血；牙龈发炎；口腔异味；有牙周袋，牙龈与压面分开形成袋子；牙齿松动和移位等。

◎ 牙周炎有什么危害

青少年患上牙周炎后，会有口臭、牙龈红肿等症状，情况严重的还会出现牙龈萎缩、牙缝增大，甚至整颗牙齿松动、脱落等。在吃甜食、凉食的时候，牙齿和牙龈部位会感到疼痛。更严重一些的，咀嚼时会感到无力。这样的牙齿会大大降低青少年的生活质量，影响青少年的身体健康。

此外，心脏病患者如果患有牙周炎，心梗发生率会提高2～3倍。

◎ 牙齿不齐易患牙周炎

排列不齐、咬合不好的牙齿，在咀嚼食物时会出现个别牙齿错位的现象，导致错位的牙齿承受的力量过大，容易引起牙周负担过重而发生牙周疾患，出现牙龈红肿、牙龈萎缩、牙根不断外露等症状。这些错位的牙齿因长期进行创伤性咬合，有可能引起牙龈坏死，其后会出现牙齿变色，若不及时治疗，可造成慢性牙周炎而出现瘘管。

◎ 青春期牙周炎的发病情况

青春期牙周炎的好发部位为第一恒牙和上下切牙，而尖牙和前磨牙区很少发生牙周炎，且发病牙齿通常左右对称。在牙龈炎症不明显的情况下，切牙和第一磨牙可出现松动、移动，切牙向唇侧及远中移位，出现牙间隙，呈扇形排列。上切牙多见，后牙可出现不同程度的食物嵌塞。

◎ 如何预防牙周炎

牙周炎之所以难治，原因在于这种疾病不是吃点儿药就能好的，而是需要一个非常复杂的治疗过程，十分消耗时间和精力。另外，即使暂时症状减轻，之后还容易出现反复。青少年的学习时间很宝贵，如果发起病来，就会劳心费神、耽误时间，因此一定要提早预防。

1.天气再热也要少吃冷饮

在炎热的夏季，室内通常会开空调，强烈的冷热刺激会使身体的抵抗力下降，很容易引发牙周炎、龋齿。

2.进食时总是塞牙，要进行治疗

如果你平时吃饭时常常塞牙，说明牙齿可能存在问题，需要及时就医进行治疗。同时，要避免使用牙签反复剔牙，以免损害牙龈。

3.饭后记得漱口

饭后或者喝完饮料、吃完水果等，要及时漱口。漱口时使用淡盐水或者绿茶水，具有消炎的作用。

3 一直被忽视，很是伤不起：视力

◎ 视力差，拖学习的后腿

眼睛是心灵的窗户。如果视力不够好，看到的便是一个不够清晰的世界，在跟别人沟通时也可能受到影响。研究发现，观察力较强的孩子，在学习中更能占据优势。他们能快速把所见情景提纲挈领地映入脑海，准确把握知识要点。但如果青少年的视力不好，就会导致观察力不强，学习起来就会感到有压力。

◎ 近视的前奏：近视前驱综合征

不要认为视力下降是一朝一夕突然发生的事情。如果有一天你突然看不清黑板上的字，就可能是患上了近视。

视力减退是悄悄进行的，等到你发现视物模糊时，则木已成舟。如何察觉视力下降，是保护眼睛的关键环节。在视力减退之前，常常会有一些信号。据眼科专家统计，近视眼发生的先兆症状40％表现在敏感的三叉神经系统和自主神经系统方面。

那么，最普遍的前期表现是什么呢?

1.眼睛疲劳

青少年看书时间过长，就会发现字迹重叠串行，这时如果抬头看面前的物体，还会有若即若离、浮动不稳的感觉。有些人在望远久后再将视力移向近处物体，或望近久后再移向远处物体，眼前还会出现短暂的模糊不清的现象。这些都是眼睛睫状肌调节失灵的表现，是由眼疲劳所致的。

有的青少年会反复发生睑板腺囊肿、睑腺炎或睑缘炎，他们的视力虽然可达到1.0以上，其实已经奏响了近视眼的前奏曲。

2.知觉过敏

近视发生前，许多人还伴有眼睛灼热、发痒、干涩、胀痛等，重者疼痛会向眼眶深部扩散，甚至引起偏头痛，亦可引起枕部、颈项、肩背部的酸痛，这是由于眼部的感觉神经发生疲劳性知觉过敏导致的。

3.全身神经失调

有的青春期男孩会突然对学习产生厌烦情绪，听课时注意力不集中，反应有些迟钝，脾气变得急躁，对原来喜爱的东西也缺乏兴趣，进而导致学习成绩下降。晚上睡眠时还会多梦、多汗，身体容易倦怠，且有眩晕、食欲不振等症状。这很可能是发生近视的前兆。

◎ 患假性近视后，必须保护眼睛

在眼睛的问题上，男孩不要大大咧咧，在发觉视力下降后，一定要去医院确认是真性近视还是假性近视。大多数青少年的近视眼都属于假性近视。

患假性近视后，要注意保护视力，避免长时间、近距离地看东西。否则，睫状肌痉挛不能解除，晶状体不能恢复正常位置，眼睛前后轴变长，就会变成真性近视，这时就难以恢复了。

◎ 保护眼睛做到7个“不”

1.不躺着看书

平时阅读或书写时，应该保持正确的姿势。

2.不趴着写字或看书

桌椅的高度要合适，眼睛与读物之间，要保持在一尺远的距离。

3.光线不要太强或太暗

晚上用灯时，尽量使用功率为25瓦的灯泡来照明，灯与书本距离不宜超过0.5米。如果超过1米，就需要60瓦的灯泡来照明。

4.眼睛不正对灯光

灯光应放在左前方，以避免阴影、妨碍视线。此外，灯泡上最好有灯罩，以免光线过强刺激眼睛。

5.不连续长时间看书

长期看书容易导致眼睛疲劳，因此在学习时坐一会儿就要站起来走走，尽量往远处看，多看大自然的绿景。

6.不看字体太小的内容

很多青少年习惯手机阅读，但限于屏幕的尺寸，手机上的文字一般都会比较小，看久之后很容易伤害视力。有的书籍字体也偏小，青少年在阅读的时候要注意不要看太久。

7.不长时间玩电脑、看电视

青少年在看电视、手机、电脑时，眼睛要平视屏幕或向下看屏幕。每看一个小时左右至少应该休息10分钟。此外，还要杜绝一边学习一边看手机的现象。

◎ 常做眼保健操

眼疲劳是近视发生的前兆，眼保健操是依据推拿、经络理论，结合体育医疗综合而成的按摩法。做眼保健操能够调整眼睛及头部的血液循环，调节肌肉状态，改善眼睛的疲劳。

1.揉天应穴

天应穴：位于眉头下面、眼眶外上角处，以痛点或反应点为穴位。

用双手大拇指轻轻揉按。

2.挤按睛明穴

睛明穴：位于目内眦角稍上方凹陷处。

用一只手的大拇指轻轻揉按睛明穴，先向下按，再向上挤。

3.揉四白穴

四白穴：双眼平视时，位于瞳孔正中央下约2厘米处。

用食指揉按面颊中央部的四白穴。

4.按太阳穴、轮刮眼眶

天阳穴：位于颞部眉梢与目外眦之间向后约一横指的凹陷处。

用拇指按压太阳穴，然后弯曲食指，用第二指节内侧面轻刮眼眶一圈，由内上—外上—外下—内下的顺序，使眼眶周围的诸多穴位受到按摩。

◎ 给眼睛特别的爱：维生素A

维生素A是构成视觉细胞中感受弱光的视紫红质的组成成分。人体缺乏维生素A时，会影响对黑暗的适应能力，导致眼干燥病、夜盲症等。

青少年要注意摄入两类食物，以补充维生素A。一类是富含能被人体利用的维生素A的食物，比如动物肝脏、奶、奶制品及鸡蛋；另一类是含有丰富胡萝卜素的深色蔬菜，比如胡萝卜、青椒、红心白薯、菠菜、苋菜等，胡萝卜素在肝脏中可以转化为维生素A。

4 睡得好

◎ 青春期易失眠

青春期男孩的睡眠问题很少被家庭和社会所关注，但这个问题其实对青少年的身心发育具有很大的影响。

一项流行病学的研究针对1014位13～16岁的青少年所做的访谈结果显示，约1/3的青少年有失眠的症状。

本该睡不够的年龄段，为什么会失眠呢?

青春期男孩情感细腻、心事多，由于身体和心理上的巨大变化，会出现一时想不明白的问题。这个阶段的男孩性格敏感，整天忧心忡忡，晚上睡不着觉。

青少年由于对未来的恐惧以及自我认识的不足，无法做到从容应对众多的变化，常常会感到困惑、迷茫和不知所措。这些通常会加重失眠的症状。

遇到事情时，青春期的少男少女的沟通能力比较差，不知道该如何去化解。长期下去，就容易患上青春期失眠症。

青春期少男少女不仅要面对各种身体和心理的改变，还要面对学业的压迫。高强度的学业压迫、家长的过度强调以及社会的压力等，很容易导致青少年神经衰弱。

青春期男孩需要接受很多新鲜的东西，这些东西对他们充满诱惑，但是他们还没有足够的能力去判断利弊。过度的兴奋情绪和大脑的过度考虑，很容易诱发失眠。

青春期男孩的失眠现象虽然比女孩低，但也大有人在，而且在高三时失眠现象最为严重。

◎ 睡眠不足代价大

100多年前，俄罗斯的心理学家做了一项禁止小狗睡眠的实验。结果发现，在禁止睡眠的小狗中，有很多小狗因神经元受伤、损坏而导致死亡。人类和动物一样，如果完全不睡觉的话，就会导致死亡。

每到夜晚时分，人体的副交感神经处于优势，血流恢复的同时，体内的老旧废物到处流动，为了清除自体细胞，淋巴球会异常增加。如果晚上经常不睡觉，身体除了因为无法除旧迎新而感到疲劳外，还会增加患感冒、胃肠疾病、肥胖、糖尿病、高血压、中风、心脑血管疾病、神经衰弱、抑郁症的概率。

科学家研究表明，可根据青春期男孩慢波睡眠时间的长短预测其是否处于胰岛素抵抗或其他健康问题的风险当中。与在成长过程中保持足够慢波睡眠的人相比，慢波睡眠大幅度减少的青春期男孩发展为胰岛素抵抗的风险显著提高，发展为Ⅱ型糖尿病的风险更高，其内脏脂肪和注意力受损的风险也有所增加，还可导致腹型肥胖。

◎ 不睡的代价是睡不着

清代著作《传家宝》记载：人若子时不睡，则血不归肝，在气血壮旺时虽然不觉，异日致病，危害不小。按照当代医学的说法，人体生物钟具有固定的运转规律，通常晚上9～11点为淋巴系统排毒时间，晚上11点到凌晨1点是肝脏的排毒期，肝脏排毒需要在熟睡中进行。也就是说，人最好在晚上11点前入睡。如果忽视身体发出的需要休息的警讯，到了哈欠连天的程度还依然看手机、玩游戏，执意不休息，就会瓦解自律神经的平衡状态，使交感神经长期处于优势，导致长期失眠。

◎ 睡前别兴奋

睡觉前如果太兴奋，交感神经处于兴奋状态，就会导致难以入睡。如果你入睡困难，睡前就应该保持安静，可以听听音乐或看看散文等，别做以下两件事。

1.刺激交感神经

很多人都有睡前阅读或看个片子的习惯。但如果经常阅读恐怖小说、看爱情剧，会使交感神经处于兴奋状态，人的情绪沉浸于剧情中难以很快平复，入睡就会变得困难。

2.剧烈活动

如果睡前锻炼到很晚，剧烈的体育锻炼会使人体温升高，身体再度进入兴奋状态，交感神经持续活跃，身体难以平静，导致无法进入睡眠状态。因此，锻炼时间最好别超过晚上9点。

◎ 睡不醒，怎么办

有的青少年总是感觉睡不醒，不妨试试多晒太阳。据美国《医药日报》报道，睡不醒是一种睡眠功能紊乱，被称为睡眠相位延迟，即当人体内部的睡眠模式比正常睡眠模式向后延迟两个小时（或更多）时，会导致昼夜节律改变，通常这种人会晚睡晚起。

美国睡眠协会认为，当一个人白天没有接触到充足的阳光，或傍晚过度接触光照，就会导致昼夜节律紊乱。平时适当晒太阳，就能确保正常的睡眠。

5 你的耳朵灵吗

◎ 一直被伤害的耳朵

饭后去散步，坐公交出行，遇到烦心事……这些时候，男生的耳朵里常常塞着耳塞，如果环境太嘈杂，就把音量调到最大。男孩觉得这样既不会打扰别人，又能从纷扰的世界中为自己开辟一方净空，无论是听歌还是看影视剧，都很享受。

殊不知，对耳朵的伤害就这样开始了。长此以往，男孩就习惯性地把声音调到超出实际需要的高度，长期过度使用耳机，听力就会一点点受到损伤，积蓄起来，很容易造成噪声性听力损伤。

普渡大学的一项随机调查显示，有着轻微噪声性听力损伤的年轻人数量正逐步上升。看来这种问题已经是全球性的了，要想在80岁的高龄还活在一个有声的世界里，青春期男孩一定要少用耳机听歌或看影视剧。

◎ 科学使用耳机

耳机的音量应与正常人说话的声音接近。每天以低于60%的音量戴耳机的时间不应超过2个小时。如果在较为嘈杂的环境中，调到60%的音量还听不清，就应该果断关闭手机。每次戴耳机30～40分钟后，就应该让耳朵休息一会儿。

◎ 尽快治疗鼻炎，才不会累及耳朵

鼻炎会累及耳朵。如果不及时治疗鼻炎，容易变成中耳炎。尤其是分泌性中耳炎，如果未得到及时的治疗，耳内的液体未完全吸收，会导致鼓室硬化、粘连性中耳炎、胆固醇性肉芽肿等继发疾病，这些疾病的治疗将比分泌性中耳炎复杂得多。因此，得了鼻炎一定要及时治疗，以免累及耳朵。

擤鼻涕的时候，要用手指压住一侧鼻孔，稍用力外擤，鼻孔的鼻涕即被擤出，用同法再擤另一侧。

◎ 慎打耳洞

耳郭的构成除耳垂作为脂肪与结缔组织外，其余均为软骨及覆盖在其表面的软骨膜和皮肤，形似贝壳或漏斗，很好看。耳郭的外形能保护外耳道和鼓膜，以及收集声音。在耳垂尤其是耳郭软骨上打耳洞，很容易造成耳郭感染，疤痕畸形的发生率将大幅上升。

◎ 游泳时耳朵进水怎么办

耳道的外形像个水桶，耳道就是桶口，如果耳道进水，要快速咀嚼或者摇头，通常就会有一股温热的液体从耳道流出来。如果出不来，可以使用下面两种方法。

1.耳朵朝下，进行跳跃

外耳道弯曲特别明显的人，耳朵更容易进水，且进水后不易出来，这时要把耳朵往后拉，使“水桶”壁尽量平直，然后歪头使耳朵朝下，跳跃几次，水就会流出来。

2.用棉签蘸水

有的人外耳道弯曲且耳道特别小，像上面那样做了之后水还是出不来，就需要换个方法，先把耳朵轻轻地往后拉，然后把消毒的棉签放入耳道把水蘸出来。这个时候要注意，外耳道的深度是2.5厘米左右，棉签放入时不能超过这个长度，再深就可能会捅破耳膜。

6
头上的风景：头发

◎ 恼人的头皮屑

头皮屑是由一种真菌引发的皮肤病。到了青春期，青少年皮肤的代谢会变得很旺盛，头皮油脂分泌失衡，头皮就会出油，头发变得油腻。当头皮菌群环境失衡时，这种细菌便乘虚而入，在头皮上大肆繁殖，引起头皮角质层代谢过快，这样就促使角质层细胞以白色或灰色鳞屑的形式脱落，这就是我们通常所说的头皮屑。

◎ 巧用洋葱和生姜去除头皮屑

洋葱鳞茎和叶子中含有一种叫硫化丙烯的油脂性挥发物，能驱散风寒。用洋葱汁揉擦头皮，可以起到很好的疏通头皮循环的作用，能减少头皮屑和止痒。

生姜中的姜辣素、姜烯油等成分，可抑制头皮瘙痒，能够有效去除头皮屑。但要注意，使用洋葱和生姜后，要用清水冲洗干净。

◎ 头发一出油就要洗吗

很多男孩视头油为大敌，只要有一点点油就立刻洗头，这种做法并不可取。头皮分泌的油脂构成的天然“水油膜”，实质是在保护头发，过度的清洗会加剧发质损伤。

◎ “自来卷”是怎么回事

“自来卷”受遗传基因影响，只要父母双方有一位是卷发，生出的孩子就有一半是卷发的可能性。

如果你不想要“自来卷”，可以利用烫发工具和药水，把卷发拉直、定型，这样头发就不再卷曲。不过这种强烈的加热和药物只能改变一时，几个月后头发又会恢复原状。此外，反复拉直容易使头发变得干枯、分叉。

青春期男孩最好还是根据自己的卷发剪出一个合适的发型，这样才更利于身体健康。

◎ “少白头”是愁的吗

对男孩来讲，没有比头顶白发更让人着急的事情了。除了染发，怎么做才可以改变“少白头”的情况呢？从源头根治，效果才好。

1.精神愉快

青春期男孩的情绪多变，要学会自我调节情绪，以排出苦闷，避免长久地郁郁寡欢、心境不佳或精神高度紧张。

2.饮食调理

毛发生长也需要充足的营养。如果饮食中长期缺乏铜、钴、铁这些无机盐，就会影响黑色素的生成，使头发由黑变白。另外，如果身体长期缺乏蛋白质、植物油、B族维生素，也会导致头发由黑变白。

生物素是B族维生素之一，又称维生素H，是脱发一族的救星，还能预防现代人常见的少年白发。牛奶、牛肝、蛋黄、动物肾脏，草莓、柚子、葡萄等水果，以及瘦肉、糙米、小麦中都含有生物素，可通过食用这些食物来补充。

“少白头”和脱发的青少年要注意饮食均衡，在保证蛋白质和维生素摄入的基础上，多吃粗食、杂粮、干鲜果品及各类蔬菜，尤其是黑豆和黑芝麻，对乌发很有好处。

3.早发现、早治愈

青春期男孩如果出现少白头，最好去医院检查一下，看是否存在器质性疾病，如果是的话，要及时治疗。

◎ 护理好你的头发

即使生来就有一头黝黑发亮的头发，也需要做好日常保养，头发才不会干枯、发黄。

1.控制好洗发次数

洗发不应太过频繁，每日一洗的男生要注意，如果没有户外活动，可以偷懒少洗一两次。洗发太频繁会损伤头发自由的保护机制，破坏头发的发质。一般应该两天左右洗一次，这样既能有效清洁头皮，也能保护头皮健康。

2.干洗头发时间不宜长

一般来说，头发干洗时间最好在五六分钟，这样就能起到清洁头发的作用。此外，干洗头发不能太频繁，最好和水洗的方式交错进行，水洗的时候即洗即冲，相对来说更干净一些。

3.多吃黑色食物

多食用黑色的食物或具有强健头皮、滋养秀发功效的食物，可以保持秀发乌黑亮丽，这类食物包括黑木耳、黑芝麻等。

4.心情愉快

头皮能敏锐地感知环境、作息、情绪、压力等，并迅速做出反应，比如头皮发硬、紧绷，甚至斑秃等。因此，除了使用头皮保养品，保持愉悦的情绪状态也非常重要。

5.摄入微量元素

在纤细的头发丝中，包含着十几种元素，日常饮食中铜元素摄入不足，会引起头发早白和枯脱，严重缺乏会使毛发异常，表现为赤色、黄色及灰白色。

7
可以尽情地流汗

◎ 经常大汗淋漓

人的皮肤有两种汗腺：一种叫小汗腺，分布在身体各处；另一种叫大汗腺，分布在腋窝、乳头周围、阴部和肛门等处。在儿童时期，大汗腺还没有发育，不会产生相应的分泌物。男孩到了青少年时期，在睾丸激素作用下，大汗腺开始迅速发育，腋下的汗开始增多，就连手、脚也常常黏糊糊的，时常大汗淋漓，有时还会出现汗臭，有的人还可能会出现狐臭。到了老年时期，人的汗腺分泌功能减退，汗会相应减少。

◎ 你需要出汗的5个理由

青春期男孩多出一些汗，能够起到排毒、杀菌的作用，可以让身体更健康。

1.排毒

人体最大的排毒器官不是肝脏，而是皮肤。在出汗之前，毛孔会自动打开，身体内的毒素和污物会通过汗腺排出体外。

2.美容

出汗时，身体表面会形成一层膜，能够阻挡住紫外线对皮肤的伤害，还能防止皮肤水分的蒸发，使得皮肤光洁润泽、有弹性。

3.增强免疫力

正常情况下，身体感到热时才会出汗，这是身体的自我保护机制，通过汗水的蒸发带走体表的热量，能够让身体保持恒温。

4.杀菌

汗水中含有一种人体抗菌肽，叫作“抗菌蛋白”，能够有效抵御结核菌等病原菌，堪称天然抗生素。

5.促进钙的吸收

运动流汗有利于钙质的有效保留，防止骨质疏松，让骨质更加密实。

◎ 再多流些汗

洗完澡或者大汗淋漓时，再多流一些汗，可以让本已舒爽的身体更舒服一些。

1.洗澡后，不要立即穿衣服

夏天气温较高，洗澡后身体的温度不容易降下来，如果等一会儿再穿衣服，有助于排出更多的汗。

2.流汗时多喝水

一般情况下，渴了喝白开水就会得到缓解。如果在大量流汗之后喝功能性饮料，不但可以补充水分，还能补充钠、钾等矿物质以及葡萄糖等，能够避免血液中电解质被稀释而出现低血钠症状。

◎ 消除汗味儿的小妙招

身上的汗味比较重的时候，要定期洗澡，并换上干净的衣服，以穿纯棉汗衫和纯棉短裤为佳。无论哪个季节，棉织品的吸汗能力都好于其他面料，穿棉质衣服身体不会干燥，会觉得比较舒服。

PART 06

人际交往——爱慕和友谊

青春期男孩的社会关系需求逐渐增强，更加渴望与同伴交往，特别迷恋和朋友在一起的感觉。在人际交往的过程中，有爱慕、有迷恋、有渴望、有纷争、有矛盾，学会处理这些问题的过程就是建立人际关系的过程。

1 不可避免的迷恋

◎ 什么是迷恋

迷恋指的是对异性产生罗曼蒂克的情感，比如过分喜欢、难以舍弃等。即使只是看到对方，也会感到非常开心。青春期男孩的迷恋对象不一定是同龄的女生，有时候还会迷恋上一个不现实的人，比如大龄女性、明星、老师等，一般情况都是异性。出现这种情况不要紧张，这些都是健康的，这种情感有助于青春期男孩想象和体验爱情的滋味。

◎ 别担心，迷恋没什么

有的青春期男孩会特别迷恋某位女老师，她一出现在讲台上，你的心就咚咚咚地加速跳动，学习上也是拼命表现。这时候，你会不会担心自己着魔疯掉呢？这份担心完全没有必要。一般情况下，你对女老师的迷恋会随着生活的变化而保存在记忆里，比如换老师、换学校或毕业了……她们将会被你生活里出现的新的人物取代。

◎ 单相思，给自己36天

英国心理学家佛曼斯特针对单相思进行了长达5年的研究，发表了一系列令人惊讶的统计数据：在英国，每年约有100万人会不幸陷入单相思的泥潭，全世界陷入单相思的则多达1亿人。

单相思的模式大多是起初双方仅仅是精神交流，接着其中一方萌生爱意，并陷入自己编织的情网中难以自拔，并不时用隐晦的语言和行动暗示对方。

单相思可能发生于任何年龄段，但在14～18岁更为常见，因为少男少女此时正处于爱幻想的青春期，不善于自我控制。

单相思大多持续的时间比较短暂，平均每次持续时间约为36天，绝大多数人很快就能走出阴影。

◎ 稍稍拉低异性价值感

在青春期阶段，男孩会疑惑："我是不是一个有价值的人？"为了寻找答案，他们会通过同伴价值感、同性价值感和异性价值感三种途径来判断自己的存在意义。

同伴价值感、同性价值感和异性价值感三者之间是相互自动平衡的关系，如果有一种价值感下降，对其他的价值感需求就会上升。如果你特别想和某位异性交往，心心念念想的都是这个人，一日不见，茶不思、饭不想，脑子变笨，学习大受影响，这很可能是因为同伴价值感和同性价值感不够，这时就想办法提升同伴价值感和同性价值感吧！

2 青春期异性效应

◎ 青春期异性交往

青春期男孩女孩对异性充满好奇和好感，特别想接近异性，在互相接触时通常会产生一种相互吸引力和激发力。交往良好时，他们能够从中体验到难以言传的感情追求，会对双方的活动和学习产生积极的影响。

不要限制青春期男女之间的正常交往，这是破除性神秘感、建立健全性观念的重要基础。

◎ 异性疏远期

青春期男孩对异性的疏远，发生在青春期开始的半年到一年之间内，年龄在十一二岁。那时，男孩的性功能尚未完全成熟，性别意识也刚刚萌芽。由于第二性征和遗精的出现，使男孩对自身所发生的剧变以及男女间性别的差异感到茫然、害羞甚至恐惧。例如，他们害怕别人看到自己开始长出的体毛，于是本能地疏远异性，尽可能地回避与异性的交往。有时因为学习或工作的需要而不得不接触异性时，他们往往会感到拘束和难为情。他们认为两性间亲近、恋爱是件可耻的事情。这个时期大约会持续1年。

◎ 向往年长异性期

青春期男孩向往异性，大约发生在青春期的中期，年龄在十五六岁。这时，男孩常常会对周围环境中的某个文艺、体育、学术以及外貌特别出众的年长异性产生仰慕和爱戴，并尽量模仿她们的言谈举止。

在这个年龄阶段，青春期男孩可以多创造一些和不同龄异性交往的机会，学习她们身上的好品质。

◎ 向往异性期

向往异性期往往出现在青春期后期，即十八九岁的时候。随着青春期男孩性发育的日渐成熟，他们开始对与自己年龄相当的异性产生浓厚的兴趣，十分渴望与异性接触。为此，他们会在各种场合想方设法吸引异性的注意，并且一旦有接触异性的机会，他们就会尽量地表现自己。

这个时候的男孩大概读高二，这是中学生恋爱的高发期，家长不妨给孩子创造一些与异性交往的机会，让他们和异性一起看球、郊游、学习或一起组织某项活动，以消除他们对异性的神秘感。但是这样的交往最好是多名异性一起活动，而不是单独的男女生交往。

◎ 和女孩做朋友

美国心理学家曾对2000余名儿童做过调查，结果发现一个非常有趣的现象：过于男性化的男孩和过于女性化的女孩，其智力、体力和性格的发展一般较为片面，智商、情商均较低。具体表现为：学习成绩不理想（特别是偏科现象严重），缺乏想象力和创造力，遇到问题时要么缺少主见，要么固执己见，难以灵活自如地应付环境。

相反，那些兼有温柔、细致等气质的男孩，大多智力、体力和性格发展全面，文理科成绩均较好，往往受到老师和同学的喜爱。成年后，兼有“两性之长”的男女在竞争激烈的现代社会里，更能占据优势地位。

男孩要想学到女孩的性格优势，就要多和女孩交往，一起活动、一起学习，多沟通，从而发现并习得女孩的性格优势。

◎ 一起学习

男孩思维偏抽象，概括能力强；女孩思维更加细腻，更富有形象性。在学习过程中，如果男孩、女孩一起讨论，进行头脑风暴，可以达到优势互补的作用。遇到难题时，也可以互相启迪，使思路更开阔。

◎ 激励自己奋发向上

男孩特别想被自己心仪的女孩所关注，这是正常的心理状态。要知道，优秀女孩只会钟情于优秀的男孩，因此男孩就让自己优秀起来吧！优秀的男孩表现在哪些方面呢？热爱读书，成绩好，气质不凡；懂礼仪讲礼貌、衣着整洁大方；坚强、勇敢、有能力；豁达、乐于助人。男孩如此富有人格魅力，还愁女孩不钟情吗？

3 问自己：到恋爱季了吗

◎ 不具备负责的能力

成年人谈恋爱大多都是为了组成家庭。结婚后，男人是家庭的顶梁柱，要承担家庭责任，履行家庭义务，还要承担社会责任，履行社会义务。他们需要挣钱养家、爱护家庭、满足家庭成员的身心需要、解决生活中遇到的困难……这是每个男人甩都甩不掉的使命。青春期男孩尚未成年，正处于为未来积攒能力的学习关键期，还不具备赚钱养家和承担家庭与社会责任的能力，难以应付这些生活内容，所以最好不要开始恋爱。

◎ 还没搞清楚自己是什么样的人

即便青春期男孩有了喜欢的人，也不能确定当下心心念念的女孩就是未来最适合的妻子。为什么这么说呢？

青春期男孩要在几年的时间里整合主、客观的自己，需要清醒认识自己是一个什么样的人，将来要从事什么职业。如果得不到一个统一的认识，男孩就不能清楚地认识自己。一个不能清楚认识自己的人，怎么知道自己需要一个什么样的配偶呢?

即使男孩已经确定了自己未来的发展方向，对自己性格的认识还需要相当长的一段时间，而对自己需要一个什么样的妻子这样的命题，也需要经过慎重的考虑才能做出决定。

◎ 做最受女孩欢迎的男生

在青春期，努力去做一个女孩喜欢的男生，远比去追求女孩更有意义。女孩喜欢的男生主要有以下几类：大胆、勇敢的男生；幽默、诙谐的男生；思维敏捷、善于变通的男生；勤奋好学的男生；团结同学、重友情的男生；集体荣誉感强的男生；有主见的男生；热心助人的男生；有强烈上进心的男生；勇于承担责任、有魅力的男生。

女孩不喜欢的男生有以下几类：满口粗言滥语的男生；喜欢吹牛皮的男生；小气、心胸狭窄的男生；粗心大意的男生；过于贪玩儿的男生；喜欢花钱的男生；取得小小成功便沾沾自喜的男生；过于随便、得过且过的男生；遇到突发事件鲁莽冲动的男生；不做家务、说家务是女生的事的男生。

◎ 你会变，她也会变

男孩在不断完成自我身心整合的过程中，女孩也在发生着变化。短短的几年之后，女孩可能变化得连自己都不认识了。男孩也可能找不到自己当初钟情她的样子了。如果男孩不成熟的心灵徘徊在意想不到的变化前，体验早恋的痛苦必定会耗费很多青春能量。要知道，对人生航向几乎具有强决定性作用的高考就在眼前，男孩输不起。

◎ 把恋爱阵地转移到网络更不可取

手机的普及和网络的便捷，使得很多中学生把恋爱转到了网络上。不能在学校里耳鬓厮磨、卿卿我我，就利用手机频繁发送甜言蜜语，互相约会。这样虽然避开了家长和老师的干预，但耗费了很多时间，很可能会因此而耽误学习。

男孩一定要明白，网络上的沟通增强了恋爱的神秘性，对你的诱惑力更大，让你跟喜欢的人见面时更容易激情澎湃，一旦控制不住，就可能发生越轨行为。因此，男孩最好不要把恋爱阵地转移到网络上。

◎ 现在还不是表白的时候

青春期男孩的心智发展不够成熟，对人和事物的认识缺乏稳定性。面对异性时，可能今天看着她很好，也许过几天就会觉得不好。在相互喜欢的时候，如果控制不住情感，很容易发生性冲动行为，但青春期男孩女孩的身体、心智、经济等方面都不具备承担责任的条件，双方都会受到伤害，影响当下的学习、生活甚至未来的工作和家庭。

恋爱意味着责任，如果男孩没有负责的能力，就会伤害自己喜欢的人。青春期恋爱是一种不负责任的行为，不但要为荒废的学业埋单，还要让别人用青春为自己的不理智埋单。

4 和心仪女生做朋友

◎ 适当与异性相处的好处

如果中学生能够与异性进行适当的交往，不仅会促进学习进步，还有利于个性的全面发展。一般来讲，既有同性朋友又有异性朋友的中学生，往往性格比较开朗，为人诚恳热情，乐于帮助同学，自制力也比较强；而那些只和同性同学交朋友的人，往往缺少健全的情感体验，不具备与异性沟通的社交能力，社交范围和生活圈子比较狭小，人格发展往往会受到限制。

◎ 男生、女生一起活动

志趣相投的几名男生、女生经常一起活动，很有好处。比如，课堂上的讨论发言，课后的议论说笑，课外的游戏活动等。这样的异性交往满足了青少年渴望异性的心理需要，能够促进当下的成长，更有利于了解异性，为以后的婚恋打下基础。男生打球，女生助威；校园劳动，男生力气大干粗活儿，女生身材纤细干小活儿，互相配合，更有利于完成任务。

经常在一起玩的男孩、女孩还可以建一个微信群或者QQ群。闲暇时间大家可以一起聊天，无论是谈学习、谈活动、倾吐心声等，都特别方便。

◎ 有必要“早练”

少男少女进行正常交往，是一件对双方成长都很有益的事情。当少男少女很自然地进入异性世界的时候，对异性的认识会更加直观，能够更容易读懂异性，并从与异性的交往中加深对自己的认知。在这个过程中，能够实现性别尊重、性别平等和性别角色认同，这比任何理论教导都更有效。如果要问这种交往与未来的恋爱和婚姻有什么关系的话，那么可视为“早期铺垫”或积极准备。

就像不能等到考试时再读书，而是先读书、平时小测验，然后再考试一样，恋爱、结婚也需要有一个练习和准备的阶段。很难想象，处于自由择偶时代的男孩，如果青春期没有和女孩交往的经历，在20多岁时突然去参加选择终身伴侣的“考试”，他会怎么去认识女孩？如何能够顺利通过女孩的考验呢？从这个意义上说，早恋也是一种恋爱的“早练”，即对未来选择终身伴侣的早期练习，如果运用得当，对青春期少男少女将来是非常有益的。

◎ 把握好尺度：扛得住“流言蜚语”

为了不让同学间流传关于你恋爱的传言，在与女生相处的时候，你要把握好尺度。

为了不被乱点鸳鸯，在教室、宿舍楼门口、操场上等公共场所，男孩尽量不要单独和某个女生长久聊天或者表现出亲昵的动作，不要把接吻当成平常的事情，接吻虽然不会导致女孩怀孕，但除了可能会传播某些疾病外，还有违风俗道德。

男孩更不要单独约某个女生去校外看电影、逛公园。即使要探讨学习上的问题，也最好是几个人一起探讨。很多人一起行动时，好事者就无法找出正当的理由去传播流言蜚语了。

不要满口“老婆”“媳妇”地跟女孩开玩笑，更不要在校园里乱认妹妹，“哥哥”“妹妹”这样喊来喊去，容易当事者迷。

毕竟男女有别，异性同学之间关系再好，也不要嬉笑打闹、你推我拉。

◎ 收藏感情

只有具备了一定的审美和情感认知能力的人，才会认识自己和他人的情绪。如果你非常喜欢某个女孩，不妨把这份喜欢收藏在心中，这样不仅能够丰富你的感情，还能提高自身的控制能力。意志会随着自我控制而提升，使得你对感情的认识会更清楚，驾驭感情的能力也会更强。

◎ 别伤害向你告白的女孩

据相关调查显示，中学生早恋中，女生主动的情况较多，这大概与女生比男生早一两年进入青春期有关。当女孩激情澎湃地向你告白时，你应该怎么做？如果你不理不睬，会引发女孩更多的遐想。冷面拒绝会让女孩的面子过不去，以后见面肯定不自在。与其减少一个欣赏自己的人，不如跟她做朋友。

你可以给对方写一封信或者留个言，先说说对方的优点，比如学习方面、性格方面等，表明很愿意和女孩做朋友，但是恋爱还早，如果因此耽误学习会得不偿失，与其自找麻烦，不如好好学习。

5 区分好性和爱

◎ 对女生的身体想入非非

性欲的产生与性活动都是复杂的神经反射过程。引起性中枢兴奋的根源主要是性激素。受性激素的影响，男孩、女孩进入青春期后逐渐开始了解两性关系，对异性会有朦朦胧胧的期待和好奇，常常渴望接触和了解异性。

随着男生性心理的萌发，他们对女生的身体充满了好奇。在超市里见到女性用品，可能会想：女生为什么会来月经？流血会不会痛呢？课堂上，面对女生后背上的内衣带，会想这是怎么穿上去的呢？这是正常的青春期性心理活动，即使你幻想的主角是某一位同学，也不要断定这就是爱，这只是性发育的正常表现而已。

◎ “色”并非不正经

在青春期，雄性激素大量分泌，促使男孩成长为男人，性器官不断地发育，并不断趋于成熟，男孩渐渐就会有性渴望，阴茎会勃起、遗精。这个时候，男孩会想知道女孩是什么样的，想体验性的感受。这些都是生理发育和心理发展的正常现象，不要认为这种想法是不正经的、邪恶的、错误的。否则，如果对青春期心理不够了解，就会因此对自身出现的性欲体验感到迷惑、恐惧、焦虑等，甚至产生罪恶感。青春期男孩要明白，“色”也正经。

◎ 主动拒“黄”

受性激素的影响，一些青春期男孩会主动寻求性刺激，最为常见的方式是搜索与性相关的视频、图片或光盘等，这些统称为“A片”。千万不要觉得这些东西能够帮助你认识性。A片说到底是一种商品，这种商品把性当作卖点，以勾引起人的本能欲望。A片中所展现的性，绝对不是正常的两性关系。这里并不是绝对禁止青春期男孩看A片，只是说看A片的时候不要盲目轻信。

A片不同于影视剧中的恋爱情节，其中没有对美好爱情的展示和引导，而只是对性的宣扬。A片利用视觉、听觉效果扩大夸张和歪曲性，而把爱情的一面忽略掉甚至完全抹杀。有人说A片中的情节是变态的行为，这并不是没有根据的。A片没有如实地表现出两性关系，这对于青少年了解和认识性没有任何帮助，对那些本来就对性感到神秘和好奇的男孩来讲，反而是有害的。

青春期男孩最好不要接触黄色书刊、音像制品，因为沉湎其中会消磨意志，给身体和心理都带来不良的影响。

◎ 性道德

性行为本身具有相当程度的生物性和本能冲动性。进入青春期后，男孩在外界的刺激下很可能有性方面的好奇和冲动，但是本着尊重和爱护女性的原则，不可以肆意妄为。男孩要想控制自己的行为，就需要用性道德来约束自己。

到了青春期，男孩要懂得：随意与人发生性行为、性交易等，是违背性道德甚至是违法的，这样的行为会影响社会秩序、伤害自身的形象和健康。从近处来讲，没有性道德，就无法正确控制性生理本能表现出的性要求，会造成对他人的骚扰和对社会的不良影响；从远处来看，缺少性道德将不利于恋爱、婚姻，甚至影响生活幸福。

◎ 观察大家的反应

俗话说：“当局者迷，旁观者清。”青春期男孩要想知道自己与异性的交往有没有让别人误解的地方，可以关注一下朋友与同学的看法。当你发现别人确实觉得你跟异性的关系有些暧昧时，就应该对交往的过程进行反思。这说明你在某些方面做得不妥，或超出了正常交往的范围。这时要及时改正，使你们的交往回到健康的轨道上来。

◎ 快速逃离女孩才是英雄

进入青春期后，男孩对性很敏感，这是正常的身体感觉及心理反应。面对女孩，当身体反应强烈的时候，不能脱掉女孩的衣服或者触碰女孩。不管这个女孩是谁，都不能这么做。如果在这个时候逃离女孩的身体，你不是逃兵，而是英雄。

◎ 说不清的性侵

男孩要懂得，不要跟女孩贴得太近，如果你和女孩处于某个狭小的空间，你要自动走出来。不要轻易触碰女孩的身体，特别是敏感部位，以免被认为是性侵行为，不但会被女孩讨厌，还可能毁了自己的形象。

6 更渴望友谊

◎ 什么是友谊

友谊是人与人之间一种亲密的心理关系。每个人都有克服孤独、与他人建立和维持亲密关系的感情需求，友谊就是人与人之间对这种感情意愿的合理表达与诉求形式。

◎ 如何建立和发展一份友谊

要想拥有一份稳定而亲密的友谊，就需要真诚地对待彼此。始终如一的真诚，会让友谊历久弥坚。

1.相互认识与理解

在充分接触后，对对方有一定的认识，知道对方是一个什么样的人。如果对方跟自己志趣相投，就可以多接触，多表达自己的喜欢之情。

2.对朋友进行积极评价，并信任朋友

在和朋友交往的过程中，要充分地信任朋友，不猜疑、不看低朋友。在一起开开心心的，有了不愉快也不放在心上，而是进行积极沟通，这样才不会留下情感的疙瘩。

3.互助与尊重

朋友有困难，你一定要给予支持。自己有困难，不强求朋友来帮助。集体行动的时候，跟朋友一起集思广益，不主观臆断，尊重彼此的选择。

◎ 别在友谊中去个体化

青少年害怕被同伴排斥，被集体拒绝的时候会很失落。青春期男孩建立了一份友谊关系，就会精心地去维护。如果这种想法太强烈，就会模糊自主能力，在某些群体情境中会放弃道德约束，以至于忘却了个人身份，而顺从于群体行动——简言之，也就是变得去个体化，顺着大家的意思来。男孩一定要知道，在错误的行为面前，多一份顺从就多一份危险，因此要保持理智，清醒地判断自己的行为是否合理、合法，并且不对别人造成伤害。

◎ 友谊是心灵的给养

在生活中，男孩除了需要亲人给予物质、经济上的供给，还会深切感受到友谊的重要性，觉得友谊也和米饭、空气一样，会带给人生命的给养。在庞大的社会支持系统中，朋友较多地承担着情感支持。

1.调剂感情，释放压力

男孩遇到挫折、不如意的事情时会感到心情低落，需要倾诉烦恼、调节情绪才能保持心理健康，因此很多人会邀请三五好友，到咖啡厅或大排档，吃吃喝喝、说说笑笑。等一觉醒来，满心满眼都是阳光。这时候，你会忍不住慨叹，有朋友真好！如果没有朋友，无人分担你的忧愁，长久积压后，必然会对身心造成不良的影响。

但是一定要记得，如果你有了高兴的事情，也要跟朋友分享。当朋友向你倾诉苦闷时，你也要悉心倾听，帮助朋友排忧解难。这样互相关心和支持，友谊才能地久天长。

2.增进智慧，自我完善

男孩要长大，就要从社会中获取知识和经验，要懂得“三人行必有我师”的道理。朋友是男孩在青春期社会交往生活中的重要角色，更是学习的榜样和对象。遇到解不开的难题，最近、最可靠的求助对象是谁？当然是自己的好朋友。

朋友是摆在自己面前的镜子，能够映照出自身的不足，促进你进行自我完善。

◎ 分清团伙和友谊型群体

在校园里，几个人组成一个社团，大家一起写诗、跳街舞、玩车模、踢球、玩游戏，活动特别多，男孩会感到很受益。对于这样的友谊型群体，鼓励男孩们积极加入。但是，如果是一帮不遵纪守法的坏孩子聚在一起组成的团伙，常常干一些偷盗、沉溺网络、东游西逛等事情，男孩们一定不要参加。

统计数据显示，青少年犯罪中团伙犯罪占半数以上。在别人眼里，他们是一群不能惹的人，万一不小心惹上他们，吃亏的只能是自己。他们被人敬而远之，还自认为威风八面。对于这样的团伙，男孩最好不要靠近。

那么，如何判断一个群体是团伙还是友谊型群体呢?

友谊最终都表现为一种情感依恋，分开时间久了，朋友们会互相想念。因此友谊型团体能够给人情感上的支持，而且能够让人变得积极向上。而团伙是为了某件事或某个目标暂时组成的团队，无法给人情感上的支持，而且其成员大多成绩不好，有打架斗殴的经历。

◎ 加入社团益处多

学生社团是指学生为了实现会员的共同意愿和满足个人兴趣爱好，而自愿组成的按照其章程开展活动的群众性学生组织。

冯恩洪[1]先生说过：“教育的真谛在于促进人的个性化和社会化的和谐发展。”社团活动的组织全部由学生来完成，学生按照兴趣来选择社团，不仅能够张扬个性，还能激发学生在某个领域学习的积极

[1] 全国著名教育专家，中国关心下一代教育研究院副院长。

性，促进学生个体化和社会化的共同发展。

每个学生都有自己的特长，参与到感兴趣的社团后，就有了挥洒热情的领地，能够感受到做成事情的喜悦，从而进一步增强求知欲，更加热爱校园生活。

7 朋友圈强大，靠什么

◎ 获得更多的人际支持

亲密关系——无论是友谊还是爱情——是否能够维持，取决于关系双方认为他们从关系中所得到的是否跟他们所付出的成比例。人际支持发生在相互关心的关系中，人们在与他人建立相互关系的时候会衡量得失。

◎ 懂得爱，不伤害

朋友是用来爱的，不是用来伤害的。自私自利容易伤害朋友。跟朋友在一起时，如果只想着自己的利益和感受，说话、办事必然会忽略别人的感受。频繁受到伤害的朋友，会觉得你不是一个给自己带来快乐的人，再大的付出也是枉然。朋友需要时，你要第一时间出现，让对方感受到诚意和温暖。

◎ 保持联系

记得朋友的基本信息，并经常保持联系，才会让你们的友谊更加深厚。在你遇到困难的时候，朋友也才会出手相助。在学生时代，朋友的生日是个特别隆重的日子，在朋友生日的时候，你可以打个电话表示祝贺，让彼此心间的温暖瞬间升温。如果每年都坚持这样的习惯，持续的温暖就会造就一生的友情。

◎ 不要和朋友比较

当一个人某方面表现优秀的时候，特别渴望得到朋友的认可。在与朋友相处的过程中，一定要懂得这个心理。如果朋友取得了好成绩，你要真诚地表达祝贺和赞美，喜悦加倍，友谊也会升级。

有的男孩想在朋友里显得鹤立鸡群，免不了跟朋友进行比较。如果用比较的方法晒优势，你会发现比一次就失去一个朋友。所以，不要等到变成孤身一人时才学会祝贺、赞美和鼓励身边的朋友。

◎ 对人粗鲁可能导致失去友谊

即使是你特别要好的朋友，也不会喜欢你举止粗鲁。粗鲁的行为背后往往藏着一颗粗鄙的心。当你对人粗鲁时，朋友会担心，有一天我冒犯了他，他会不会也这样粗鲁地对待我呢？还是敬而远之吧！所以，你很可能因此而失去友谊。

◎ 恰到好处地用用朋友

如果你有事情请朋友帮忙，朋友会觉得你不见外。曾经的你对他们是那么热心，知恩图报的美德最适合朋友之间。朋友需要时，你总是热情帮忙，你需要他们时，他们就会挺身而出。如果你遇到困难时不开口，反倒会让他们不高兴。

不过，你千万不要成为一个依赖朋友的“麻烦先生”，动不动就隔空喊话：“哎，有件事麻烦你一下！”这样你的朋友会觉得很辛苦，日子久了，自然会招架不住，很可能从此渐渐疏远你。因此，对待朋友一定要把握好分寸，不能事无巨细、毫无顾忌地向朋友求助。

◎ 学会倾听朋友

有的男孩遇到烦心事喜欢向朋友倾诉，如果你有这么一位朋友，不要感到烦，而是要耐心倾听。这样做一方面能让朋友舒缓压力，他变快乐了，你也会跟着快乐起来，或多或少减轻了自己的压力；另一方面，你会感受到这个世界不只你一个人会遇到烦恼的事，还有朋友跟你做伴儿。倾听他人的烦恼，不仅能为自己的好人缘加分，还能帮你清理自己的情绪垃圾。

8 分清友谊和同性恋

◎ 同性依恋

同性依恋是一种青春期常见的心理过渡现象，多发生在异性疏远期，十四五岁之前。这个时期的男孩对身体出现的第二性征比较敏感、害羞，喜欢和同性别的人在一起，也会有一些亲密行为，有些男生还会表现出对异性的排斥。这一阶段过去后，男孩就进入向往年长异性期、向往异性期，自然就进入异性吸引的阶段，开始恋爱、结婚、生子。同性依恋是青少年成长过程中自然出现的心理发展阶段。男孩渴望交同性朋友，并不意味着就是同性恋，而是渴望友谊的一种折射。这是社会化发展的需要，因此男孩不要为此担心自己的性取向。

◎ 认识同性恋

同性恋是指个体在心理、情感、性爱及社交兴趣方面都指向同性别的人，这种兴趣可能会从行为上表现出来，也可能不表现出来。同性恋者是被同性吸引的，同时对同性有性的感受、冲动和性的反应，并且这种吸引是持久的，也是唯一的；同性恋者会在同性性行为和性活动中获得性满足。

◎ 同性依恋不同于同性恋

同性依恋和同性恋是完全不同的概念。

同性恋是一种性取向，是对同性别的人的性的吸引；而同性依恋是一种情感联结，是情感上的依赖。二者最简单的区别就是，同性恋受到同性别的人的身体和性的吸引，尤其是在性幻想和性梦中出现的都是同性的身体。同性之间关系好，互相依恋，并不是同性恋。即使你跟某个男生关系好，形影不离，只要没有身体和性的吸引，就无须担心自己是同性恋。

同性依恋与同性恋之间没有任何联系，同性依恋也不会发展为同性恋。

◎ 大胆交友，不用担心别人怎么想

在与同性朋友交往的过程中，有些男孩愿意和见多识广的人交往，特别崇拜有体育特长、学习成绩好、有创造性、有独立见解、学业优秀的学长。这非常符合成长的需要。

但是有的学校规定：对学生之间交往过密的行为，其中包括同性之间的交往，学校将以特别严重违纪行为的名义予以处罚。男孩不要觉得交往过密就是错误的行为，更不要认为“同性交往就会发展成同性恋”，这样非常不利于发展同性之间的友谊。

9
朋友相处，学会忍让

◎ 尽量别让朋友感受挫折

青春期男孩的自尊心很强，对挫折的反应特别敏感，而挫折是导致攻击性行为的主要原因。在与朋友相处的过程中，不让朋友产生挫折感，就会减少争端，避免攻击性行为。

心理学家曾做过一个实验：让一组男孩站在玻璃墙外观看满屋子吸引人的玩具，在长时间的痛苦等待之后，才允许他们去玩玩具；而另一组男孩没有等待，而是直接去玩玩具。那些事先未受挫折的孩子非常高兴，非常爱惜那些玩具；而那组经过等待、受过挫折的男孩，却表现出极端的破坏性，他们会打碎玩具，或者把玩具踩在脚下。这是一例挫折导致攻击性行为的非常典型的心理实验，说明挫折更容易导致攻击性行为。

在与同性朋友交往的过程中，男孩要多顾及朋友的感受，少做令朋友不高兴的事情，不说伤害朋友的话。保护了朋友的自尊，减少了双方交往的挫折感，大家都会感到开心，从而更利于友谊的发展。

◎ 了解青春期神经系统发育的特点

青少年的神经系统还没有完全发育好，控制和调节情绪的能力还不是很强。在脑和神经系统生长的过程中，青少年大脑神经活动机能的主要特点是兴奋性较高；兴奋过程和抑制过程相比，兴奋过程又相对较强一些；兴奋和抑制的相互转换速度较快。这样就使大脑皮层的兴奋与抑制过程在一定时间内不稳定，皮下中枢的调节作用会出现暂时的不平衡。对于精力旺盛的青春期男孩来讲，当体内积蓄了大量的能量，又没有找到合适的发泄出口时，很容易因兴奋过度而导致情绪激动。如果找到发泄出口，激动过后又容易疲惫，因此常常呈现出喜怒无常的情绪状态。

◎ 少结交富有攻击性的朋友

在男孩个性形成的过程中，朋友起着非常重要的作用，因此择友的过程就显得格外重要。男孩应该选择性格比较平和、没有攻击性的朋友进行交往，这样一方面能够学习他们温和处理问题、讲究方法、沉着冷静的优点，另一方面也会减少自己被攻击的机会，从而避免产生不良情绪。

◎ 学会制怒，管好情绪

情绪是以个体的愿望和需要为中介的一种心理活动，当客观事物或情境符合主体的需要和愿望时，就能引起积极、肯定的情绪；反之，当客观事物或情境不符合主体的需要和愿望时，就会产生消极、否定的情绪。

当伤心、灰心、绝望、郁闷等消极情绪出现的时候，不妨让自己独处一会儿，然后静静地思考：自己为什么会这样？是什么事情导致自己这样的？这样值不值得？等想明白后，就会觉得，与成长相比，这点儿小事情根本不算什么，从而会一笑而过。

PART 07

告别成长痛，伴随阳光自信前行

青春期男孩在复杂而充满变化的心理活动中不断地认识自我、战胜自我，并最终实现自我同一性。一路走来，他们自卑过、迷茫过、焦虑过、矛盾过、叛逆过。他们努力成长，痛彻心扉，赢取未来。

◎ 青春期自卑

《现代汉语词典》将“自卑”解释为：轻视自己，认为自己不如别人。心理学上是指和别人比较时，由于低估自己而产生的情绪体验，是一种心理上的缺陷。

自卑是一种消极的心理状态和不良的心理品质，它是个体对自己能力与品质做出偏低评价的一种自我意识。自卑会对一个人的生活、学习、交际等产生根本性的影响，严重的甚至会毁掉个体的自尊心、自信心，并泯灭一个人的进取精神。

进入青春期后，男孩的生理、心理等各方面都发生了很大的变化，如果这种变化没有朝着他们期望的方向发展，也没得到及时的心理引导，他们可能会因此变得自卑。例如，有的男孩进入青春期后身体发育缓慢，个子矮，脸上长满青春痘；有的男孩身高比同龄的孩子高出一大截……这些都可能引发他们的自卑感。

一旦男孩形成自卑心理，就会感到自己事事不如人，如果没有勇气赶上去，就会陷入悲观失望的情绪中，并消极处事，这样很不利于身心的健康发展。

男孩要明白，自卑心理并非不可克服，只要努力，就能改变，就能重新拥有自信。

◎ 有自卑心理很正常

心理学家阿德勒认为，每个人都有先天的生理或者心理缺陷，这就决定了每个人的潜意识中都存在着或轻或重的自卑感。如果这种心理处理得好，就能超越自卑，寻求优越感；处理不好，就容易演化成各种各样的心理障碍或心理疾病。

当青春期男孩能够以积极的心态来理解自卑的意义时，实际上就开始摆脱自卑了，自卑情结就有松动的迹象，他就为摆脱自卑做好了心理准备。

◎ 自卑感可能导致“破罐破摔”

自卑感即一个人对自己的能力、品质等做出的偏低的评价。自卑感强的人总觉得自己低人一等，并因此感到悲观失望、惭愧、羞涩甚至畏缩不前。这是自我评价的一种重要体现。

自卑感非常不利于个人的成长，青少年一旦有了自卑感，就会压抑自尊心、自信心和上进心，总是看到自己的缺点，看不到自己的优势，日积月累，内心就会积累更多的不满，在某一时刻就可能被激发出来，以特别极端的形式爆发出来。

◎ 自卑的表现

每个人心里都有一把尺子，在衡量别人的同时，也可以衡量自己。一个人无论是自卑、自信或自负，看表现就能知道。

1.自负自傲型

这类男孩往往对自己的期望过高，一心想出类拔萃，想获得别人的认可，事事与别人计较长短。在思想上不断地督促自己、压迫自己，完全被理想中的自己所主导，其实在内心深处是否定自己的。这类男孩主要表现为对一切无动于衷，漠不关心。

2.封闭怯懦型

这类男孩往往被埋没在成绩优秀的学生当中，不能引起老师和同学的注意。虽然他们很努力，各方面表现也还不错，但是他们表现得谨小慎微、患得患失，没有创新性思维。

3.自轻型

这类男孩往往自我评价过低，认为自己干什么都不行，看不到自己的长处。学习上不努力，参加活动也不积极，总用悲观的眼光去观察和判断周围的事物。

4.自弃型

这类男孩在中学以前成绩还不错，上中学后进入不同的学校，没能样样都超越别人，于是开始放弃自己。这类学生表面乖巧，实际上问题多多，并且屡教不改。学习没有动力，自由散漫，没有组织性、纪律性，自控能力差。

◎ 是什么吞噬了你的自信心

哪些因素会引发你的自卑心理呢？男孩如果早知道、早解决，就能减少自卑情绪，成为一个自信的人。

1.个体人格因素

有自卑心理的青少年，往往性格内向、好静、喜欢沉思。一般气质类型为黏液质、抑郁质，相对内向、敏感，心思细腻。究其原因，这类青少年后天的成长环境往往比较压抑、低沉，较少受到父母的鼓励。

2.参照对象水平过高，目标不切实际

有自卑感的青少年，一般不能进行正确的自我评价，自我认知不客观，常常因为主观随意虚构而造成自卑感。他们对自己的期望很高，要求很严格，无法认清理想与现实之间的差距。经过无数次尝试，他们觉得希望越大失望就越大，从而对自己的能力产生怀疑。

3.难以找到自我价值与成就，较少有成功的体验，难以树立信心

青少年的主要活动是学习，他们常常通过学习成绩来评价自己的能力。如果学习成绩不理想，又没有特长，体验不到成功的感觉，自卑感就会随之而来。

4.教育者与家长对青少年的不良影响

一些家庭的教育方式过于严格、包办，使得青少年的身心得不到充分的发展，故而他们显得消极，缺乏动力。一些父母与教师经常轻率地评价青少年，随意贬低他们的能力或品质，从而伤害了青少年的自尊心和自信心。

5.同伴的影响

与父母和老师比起来，同伴之间更能为彼此提供展示自我的机会。青春期男孩更在意同伴的认可与接纳，同伴是寻求爱与归属的重要途径。那些具有攻击性行为与破坏性行为的青少年，很容易受到同伴的排斥，往往会产生自卑心理。

◎ 相信自己能战胜自卑

自卑是自我认识的一种表达方式。当自信达到一定水平的时候，男孩就有了恰到好处的自尊，既不会自卑，也不会自负。

1.保持积极的心态

男孩即使发现自我能力较差，内心感到自卑，也不要自暴自弃，而是应该寻找突破自我的方法，努力下去就会获取成功，就会变得自信起来。

2.积极的自我暗示

具有自卑心理的男孩应该努力增强自信心，进行积极的自我暗示。经常听到一些同学说自己这也不行那也不行，这是一种消极的自我暗示。这常常是导致学习、生活失败的最主要原因。在做事之前，要给自己鼓气：“我能行！”觉得自己行，做起事情来就真的行。

3.多与志趣相投的人接触，建立自信心

在与人交往或谈论中，要尽可能选择自己擅长的话题与活动，充分展现自己的一技之长，多体验成功的感觉。这种方法非常有助于自信心的建立。

4.不断追求进步

在追求进步的过程中，男孩战胜挫折的经历能够增强自信。待自信水平升高后，对自己会有更加客观和清晰的认识，能够设立合适的目标，并努力去实现。这时，自卑就成为积极努力的原动力，而不是一味地自我否定、自我歧视。

2
青春期易患抑郁症

◎ 认识抑郁

总体上说，青少年的抑郁情绪与成年人的抑郁情绪没有本质的区别，都表现为兴趣淡漠、被动消极、悲观绝望、难以融入现实生活。青少年的抑郁行为表现得更为突出，如逃学、不服从老师或家长的管教、学习成绩下降等。

◎ 抑郁自查表

一般情况下，下述症状持续两周以上，就可能被诊断为抑郁症。如果你有这些症状，并持续两周以上，就需要求助心理医生了。

1.食欲或体重减退；

2.疲倦、嗜睡或早醒；

3.对日常活动无兴趣；

4.精力减退；

5.感觉自己无价值；

6.不能专心做事；

7.有自杀的念头。

◎ 预防抑郁

与青春期抑郁相关的外在因素，主要是来自家庭、学校和社会的期望值太高，学习压力太大以及不能解决青春期的情感问题、亲情问题和人际交往问题等。

1.搞好亲子关系

学习上父母对孩子的期望会比较高，因此男孩要接纳他们望子成龙的心情。当你的意见与父母的意见相左时，要真诚地与他们沟通。如果你的态度诚恳，父母自然不会苛求你。

2.不早恋

即使自己爱慕的女孩对自己有意，也不要发展恋情，以免过早卷入爱的旋涡，承受负不起责任的痛苦。

3.提升生存能力

当今青少年的压力不少于成年人，那些经历了良好挫折教育、生存教育、生活技能和独立能力训练的青少年，应对生存压力的能力更强，也更容易进行自我肯定。如果父母对你过于娇惯，你要做好他们的工作，主动争取自主做事的机会。

4.多做运动和冥想

罗格斯大学的一项研究表明，冥想和有氧运动一起做，有助于减少抑郁的情绪。研究者说：“这些疗法可以练一辈子，它们可以有效地提高青少年的心理和身体健康，而且这种干预可以在任何时间不费成本地进行练习。”

5.去游泳

游泳是调节情绪的好手段。当你感到焦虑、忧郁、浮躁不安时，不妨去游泳。通过水流对身体的冲击，能够形成一种特殊的按摩方式，这种自然的按摩，不仅能让肌肉得到放松，还会使紧张的神经松弛下来，把那些消极的、对身体产生副作用的心理因素排泄出来，恢复积极、健康的心理状态。

6.多交朋友

英国沃里克大学的研究人员发现，交朋友可以帮助青少年摆脱抑郁，甚至从一开始就能够避免抑郁情绪的产生。当你感到情绪低落时，多和朋友在一起，就能避免抑郁。不要担心自己拖累或打扰别人，研究证实，抑郁症患者并不会影响他人的心理健康。

◎ 敞开心扉，解开郁积的心结

当你心情不好的时候，要学会敞开心扉，让阳光照进心里，以驱散愁闷的乌云，这样便不会有坏情绪的郁积。

1.敞开心扉，与朋友互动

和朋友互动的方式有很多，比如聊天、下棋、运动、玩游戏等，都能放松神经，让你的心情好起来，让你感受到生命的美好，这样烦恼自然会消失。

2.亲近自然

青春期男孩在学校里要积极参加户外活动，多亲近大自然，利用假期去有山有水的地方游玩，感受天地的广阔之后，就会觉得自己的心事显得微不足道，坏心情被大自然的美丽冲淡，心胸也会随之开阔起来。

3.多和父母沟通

父母是这个世界上跟你最亲近的人，是你永远的港湾。男孩要懂得，即使全世界不要你、欺负你，你的父母也会接纳你。如果遇到不如意的事情，可以跟父母聊一聊，父母拥有丰富的人生阅历，再加上他们对孩子无私的爱，一定能帮你驱散心头的阴云。

3
青春期焦虑

◎ 焦虑和焦虑症

焦虑与焦虑症的区别是个体对于恐惧的认知不同。这种认知的原始形态可以令我们在具体事件与可能预示着危险的特定信号和环境之间建立联想。每个人都会有焦虑的情绪。当你身处险境时，焦虑和其他感受一样，都是一种自然的情绪反应。而焦虑症的标志是，即使在各种威胁都消退已久，置身安全的场所中时，挥之不去的焦虑感仍然会引发强烈的不安，干扰人的正常机能。

◎ 成长引发的焦虑

近年来，专家们普遍从心理学角度来解释青春期焦虑症。从发育的角度来看，青少年的大脑容易感知焦虑以及进入青春期后面临的社交和情感上的挑战，比如开始与家长分离，争取同龄伙伴的接纳，塑造自己的身份认同感等，这些转变都会触发青少年的焦虑。

◎ 大脑发育引发的焦虑

青春期男孩容易焦虑，与大脑发育有关。

大脑不同的区域和沟回以截然不同的速度发育成熟，处理恐惧的大脑回路即杏仁核，比负责推理和执行控制的额前皮质提前发育。这意味着青少年的大脑有较强的感知恐惧与焦虑的能力，而负责冷静推理的区域却发育得不是很充分。

青少年做出的许多冒险行为都是由额前皮质驱使的，因此他们很容易不计后果地做事，事后又会感到恐惧和焦虑。所以，青少年特别容易受到身体和心理上的创伤。

◎ 成年人的焦虑症往往始于青春期

人体在25岁左右时前额叶皮质发育成熟，获得调节恐惧感的能力。大多数青少年的焦虑没有恶化到患上焦虑症的程度，他们会随着前额叶皮质逐渐发育成熟而迈入成年。

一位精神科医生写道，他曾治疗过很多患有不同类型焦虑症的成年人，几乎所有人都能将问题追溯到他们的青春期。

随着青春期独立性的增强，青少年增加了对恐惧的承受力，他们对危险环境保持更加牢固的记忆，并形成一种适应力，这能为他们带来生存优势。

◎ 杏仁核反应迅速

威尔·康奈尔医学院和斯坦福大学的科研人员运用脑部磁共振成像研究发现，青少年看到令人恐惧的面部时，他们大脑杏仁核的反应比儿童和成人都更为强烈。

杏仁核是埋藏在大脑皮层深处的区域，对衡量及应对恐惧感至关重要。我们还来不及仔细思考时，它就已经开始传递和接收前额叶皮质发出的危险警报了。

尽管在免于杏仁核接受恐惧警报方面我们只具备有限的控制力，但我们的前额叶皮质可以有效施加自上而下的管控，赋予我们更精确评估环境风险的能力。由于前额叶皮质是大脑中最后一批发育成熟的部位之一，青少年调节情绪的能力远远逊于成年人。

4 需要搞明白“我是谁”

◎ 成长目标：实现自我同一性

通俗一点儿来讲，青春期男孩不停地问自己两方面的问题。第一方面：我是谁？我是个什么样的人？我会什么？我不会什么？我的特长是什么？我的学习是在上升还是停止不前？在别人眼里我是什么样的……第二方面：大家都喜欢班级里的某个同学，我觉得他怎么样？大家都想考名牌大学，我也一样！将来我适合从事什么职业呢？我的梦想能够实现吗……

青春期男孩需要从对自己的零散认知中建构出一个同一性的自我，实现“自我的第二次诞生”。否则，他的自我同一性将会延后，或者一生都处于对自我认识的混乱状态中，形成不确定感：不知道自己想干什么，也不知道自己能干什么。

在青春期，大量的问题将以自我为核心展开：我为什么活着？活在这个世界上，我要肩负什么样的责任？对自己、对家庭、对国家、对人类，要承担起自身能够承担的责任，就要通过选择一个职业来实现。哪一个职业适合我呢？我将来要成为什么样的人……这些问题都搞清楚了，就知道“我是谁”了。

青春期男孩获得很好的角色同一性后，他们的自我认同感就逐渐建立起来，能够了解自己是什么样的人，自己将要选择怎样的生活，这样的选择是否契合自己理想的目标，等等。把这些问题想明白之后，男孩开始接受并欣赏自己，并感到快乐而幸福，进而就能够独立决定自己的价值观和信仰等。

◎ 自我认同感

自我认同感是心理学家埃里克森理论中的一个重要概念，是指“一种熟悉自身的感觉，一种知道个人未来目标的感觉，一种从信赖的人身上获得所期待、认可的内在自信”。这个阶段的男孩独立意识已经很强，有了自己的主见，但是他们对于自己的行为和做法还缺少自信，渴望从师长，特别是父母那里获得支持和赞同。当青春期男孩有好的表现时如果能够被父母肯定，他们就会有更强的自我认同感。

◎ 青春期男孩的成人感

进入青春期后，男孩在生理发育方面趋于成熟。有了发育成熟的体验后，他们会认为自己已经是成人了，这就是成人感。成人感的内容包括：从心理上过高地评价自己的成熟度；认为自己的思想和行为属于成人水平；要求与成人有平等的社会地位；渴望社会给予他们成人式的信任和尊重。

◎ 男孩的成长痛

在青春期，男孩的心理处于从童年期向成熟发展的过渡阶段，他们的知识水平、思维方式和社会经验都处于半成熟状态。他们主观认为的心理发展水平与现实的心理发展水平之间的不平衡性，导致男孩常常看不清自己的能力，做事情时天马行空、眼高手低，在屡屡碰壁后，常常感到很痛苦。

青春期成长是一个“选择—放弃”的过程，体内大量分泌的雄性激素促使他们不断地探索一个自我的新世界，他们要改变“以自我为中心”的认知方式，形成人际平衡性思维，在批判和挣扎的过程中品尝痛苦。在成人的世界里，他们的行为是“叛逆”“反抗”“闭锁”……这些行为被理解后，他们自我整合的痛苦就会少一些，能够顺利建立起自我同一性。

◎ 不妨自降成人感

即使男孩的生理发育趋于成熟，他们的心理还是处于半成熟状态。男孩不要为此感到沮丧，这并不是坏事，因为你有更充足的时间来成熟。

如果青春期男孩能常常对自己说：我还不成熟，我在大人眼里还是个孩子。就说明你已经认识到这一点了。这样的提示能帮助男孩按压住不服气的心理，踏踏实实地做个“半成熟男人”，在必要的时候安然享受父母的帮助、指引和照顾，而在另一些时候，又能理智、从容地照顾父母。这样，父母享受了照顾孩子的快乐，也收获了被孩子照顾的甜蜜，亲子关系自然会越来越好。

5
哪个年龄段更叛逆

◎ “初二现象”

教育专家认为，初二是“事故多发的危险阶段”。初一的学生刚由小学升到初中，对新环境还很陌生，需要一个适应的过程；而初三的学生则因为升学压力不得不全身心投入学习。相比之下，初二虽然很关键，但如果男孩自身意识不到，就会沉浸在一种既熟悉学习环境，又没有明显压力的假平静中，但实际上并非如此。

在初二阶段，青春期男孩生理、心理上的变化很大，他们容易出现不良的心理、情感和行为特征，比如逆反、逃学、抑郁等，在思想道德、学习成绩以及能力培养等方面出现两极分化的趋势。

◎ 初二，你中招了吗

某一天，你变了！可能你没觉察到，但是从妈妈错愕的表情、同学质疑的目光和老师不解的神情里，还有连你自己都不知道怎么考出来的低分中，你能看出一些异样来。如果恰逢初二，你应该思考一下，自己是不是出现了“初二现象”。“初二现象”主要有以下表现：

1.特别在意自己在别人心目中的形象、地位，包括同学、老师、亲戚、朋友等熟悉的人。

2.不容易与人沟通，听不得长辈的意见，认为他们说的自己都懂。有人批评自己时，会感到很不开心。

3.向往群体，在意大家的看法，但有时又很自以为是。

4.总想超越别人，想获取好成绩，但又觉得很难，因此感到很紧张。

5.总是和父母对抗，他们说什么，自己偏不那么做。脾气暴躁，有时会有寻衅闹事的行为。

6.向往异性，对性感到很好奇。

7.有时表现得很小气，连朋友开玩笑也会计较。

◎ 初二的男孩为什么变化很大

升入初中二年级，就进入了一个关键的阶段。这个阶段会出现很多变化，具体表现为：

1.学业上的变化

初二阶段的学习直接影响着中考的成绩。进入初二后，各学科在概念的演化，推理的要求，思维的全面性、深刻性、严密性、创造性等方面都提出了比初一更高的要求。初二时添设了几何和物理两门课程，这两个学科都是对思维训练要求比较强的学科。如果初二学不好，后续的学习会比较吃力。

2.心理发育

外部干扰因素的变化。初二正是性格定型加快节奏、幻想重重的年龄期，常常表现出心理和情绪的不稳定，比如出现逆反情绪等。这给外部的诱惑和干扰创造了乘乱而入的条件。

◎ 学习要分清主次

在时间和功课的安排上，青春期男孩要分清主次。主要科目要多花一些时间，但是这不等于即将要结业的地理、历史等就完全不用学了，那些所谓的不参加中考的科目，其实对提升青少年的知识水平和文化素质有着重要的作用，家长要支持孩子分出一些精力来学习课本知识。

为提升学习效率，青少年要学会摸索出适合自己的学习方法，多和同学交流，借鉴同学好的学习方法，这样就会养成良好的学习习惯，学习成绩也会稳步上升。

6
突然爱照镜子了

◎ “臭美”背后的心理

男孩到了青春期会表现得很爱美，喜欢频繁照镜子，这是自我意识发展的需要。青春期是自我意识发展的第二个高峰期，他们的兴趣首先表现在关注自身形象方面。进入青春期后，男孩更加关注自己的长相、衣着、服饰，更多地流连于镜子前欣赏和打扮自己。他们要通过在镜子前对衣着打扮的调整，来实现“主观我”和“客观我”在外形上的统一，并根据自身的气质、外形进行合适的打扮。

◎ 爱美要适度

爱美没有错，但美丽要有度，如果过分追求美，比如为让五官更精致去整容，每天把大量的时间花费在衣着打扮上，男孩可能因为失去自我而向着病态的人格发展。这种情况下，镜子就成了 “魔镜”，整天流连在镜子面前长吁短叹，荒废了大好的时光，只会让自己变得不可爱。

◎ 读书让你看起来更帅气

帅气是外在和内在的和谐统一，外在要靠内涵来支撑才能长久。内在是指人的内心世界，是人的思想、品德、情操、性格等内在素质的综合体现。读书、学习、明理，是青春期男孩提升内在素养的重要方式。

如果男孩自认为长相普通，而又想帅气，那么不妨多读书，以丰富的学识来提升自己的内在修养。每当读书厌倦或者累了的时候，就照一照镜子，是不是发觉自己帅了呢？

◎ 别整形

如果你想整形，不妨看看人们对整形的明星的评价吧！如果你不是有什么明显的缺陷，也不需要去痣、除疤等，就要慎重对待整形的问题。青少年身体的各个器官还没有完全发育成熟，如果贸然去做整形手术，可能会达不到预期的效果。而且整形手术并不是没有风险，遇到庸医，很可能留下一生的遗憾。

7 我爱拍、拍、拍

◎ 自拍能提升自尊

心理学研究表明，自拍是伴随着网络科技、数码技术发展而产生的自我表露、自我展示和自我认同的一种人际沟通与交流方式，因此受到了无数青年人的青睐。从社会心理角度而言，自拍具有独特的个体心理功能，可以帮助自我表露，满足爱和归属的需求，有助于增强个人的自尊和自信。从其社会功能的某些方面而言，有助于个人心理情绪的疏导、心理需求的满足和好奇心的满足。

◎ 你可以自拍

去风景秀丽的地方旅游，或者遇到开心的事情，自拍一张发到朋友圈，和大家一起分享快乐，不仅娱乐怡情，还向朋友传递了自己当前的信息。

换了新发型或买了新衣服后，拍张照片发到朋友圈，收获几个赞，这时虚荣心获得了小小的满足，你就会变得心情大好。

做个或怪或酷的青春表情，发一个特别的早餐图片，刷一下自己的存在感，得到友人的呼应后，心情就会明亮起来。

◎ 不可过度沉迷自拍

自拍传播带来的积极心理功能，并不能完整代替或实现个人在现实中的各种角色功能。过度沉溺于自拍，也会带来诸如社会交往动机不足、自我认知失调、自拍上瘾等负面心理效应，以致妨碍正常的生活、工作和学习。

◎ 自拍上瘾是种病

有的青春期男孩会不断地自拍，拍完修图后发到朋友圈。如果这样做的目的是晒帅气、晒气质，可能是因为男孩的自信心不够强，想通过这种方式赢得他人的关注。一张一张拍，然后再一张一张P图，会消耗大量的时间，这样即使赢得了别人的溢美之词，你真的开心吗？每个人都有被人尊重的需要，要想赢得他人的尊重，先要尊重自己。男孩在真实形象、学识、能力方面多下功夫，多锻炼，勤于学习，就会获得别人的尊重。

◎ 青春期自恋不完全是坏事

很多研究都表明，青少年的自恋程度会在青春期出现上升，这一时期我们称为成人的初显期——从十七八岁到二十来岁，之后自恋程度会逐渐下降。

青春期的自恋并不完全是坏事。对自己的能力和前景的夸大自信，可能会帮助青少年顺利度过青春期以及试图寻找自身定位时的混乱期。

8 穿什么会Man（男人）到爆

◎ 不是只有穿名牌才美

青春期男孩出于爱美的心理，偶尔买件名牌衣服无可厚非，但如果一味追求名牌，认为只有名牌才能体现美，就扭曲了美的概念。美的内容很广泛，朴素的衣服只要剪裁得体、整洁大方，看起来也会很舒服。根据青春元素设计制作的校服，跟青春的脸庞和身材配搭起来，不仅显得清爽、舒服，还非常有利于青少年身体的发育。

◎ 上学时着装得体

学生应该有学生样，其中一个重要的表现就是着装整齐。不管拖鞋多么舒服，都不要穿着拖鞋进校园；即使夏季天气很热，也不要穿着背心、大裤衩进教室。身为学生，就应该按照学生的衣着标准来要求自己。在有些特殊情况下不能穿校服时，也要本着朴素大方的原则着装，不能随心所欲，更不能不伦不类。

PART 08

青春期危险事儿离你并不远

烟、酒、毒品、网络、欺凌，这些或明或暗的存在，时刻威胁着男孩的身体健康和人身安全。有的男孩被这些事物击中，不是因为他们坏，而是因为他们不明白有多少危险隐藏在身边。

1
不被烟草奴役

◎ 认识尼古丁

尼古丁到底有多厉害？研究人员给出了一个足以让人心惊胆战的数字。只要将1/15滴的尼古丁注入狗的血管中，狗就会死亡。而25支烟中就含有两滴尼古丁。

尼古丁对人体的破坏作用十分广泛，它不仅能够影响人的神经系统，还通过神经系统与心脏和血管发生作用，使得人的记忆力与注意力衰退。

◎ 吸烟容易引起肺炎

烟草中的尼古丁、焦油等物质会严重损害呼吸道黏膜，造成一系列呼吸道疾病。呼吸道黏膜被破坏后，人本身对于外界环境的防御能力就遭到了破坏。这时，外界的细菌、病毒或各种有害刺激，就会轻易进入人的身体内，引发肺炎。吸烟亦会引发肺气肿，肺部支气管内积聚有毒物质，肺部充血，久而久之，就会引发肺炎。青春期男孩呼吸道很脆弱，不仅自己吸烟对呼吸道伤害大，也容易因为周围人吸烟而引发肺炎。

◎ 吸烟为何会上瘾

生活中，有的人一段时间不抽烟就会露出一副狼狈的模样，终于吸上后又显出一种陶醉的样子，如果你见过的话，就会知道什么是吸烟上瘾。那么，为什么吸烟会上瘾呢？

烟草中含有尼古丁。尼古丁是高度成瘾性物质，因此80%～95%的吸烟者会成瘾。

吸烟时，烟草烟雾中的尼古丁只需7.5秒就可以到达大脑，从而使人呼吸兴奋、血压升高等，使吸烟者有一种轻松愉悦的感觉。尼古丁使中枢神经系统先兴奋后抑制，因此吸烟者体验到的上述美好感觉转瞬即逝。

尼古丁在血浆中的半衰期很短，当尼古丁浓度低于机体所需水平时，人就会感到烦躁、不适、恶心、头痛，并渴望通过吸下一支烟来补充尼古丁。上述重复行为能使吸烟者减轻焦虑，从而刺激吸烟者继续使用烟草，形成烟瘾。成瘾后的不适和焦虑感来自尼古丁水平的下降，如果不吸烟，成瘾者会感觉更加难受。成瘾者反复吸烟，并非为了追求美好的感觉，而是为了减少尼古丁浓度下降带来的不适。

◎ 一氧化碳伤身体

香烟的烟雾中存在大量的一氧化碳，一氧化碳进入人体之后，会和血液中的血红蛋白结合，产生碳氧血红蛋白，使血红蛋白不能与氧气结合，从而使机体组织出现缺氧，严重的情况下，可以使人窒息死亡。

25支烟中几乎包含了半公升一氧化碳，吸烟过多，相当于控制大量血红蛋白，使之不与氧气结合，这将导致人体的某些部位缺氧。

◎ 吸烟容易导致脊柱疾病

澳大利亚科廷大学的研究人员对近3000名志愿者进行了调查和随访，参试者多为20岁左右的年轻人，还有一些14～17岁的青少年。结果显示，经常吸烟的人，日后发生脊柱问题的危险更大，包括后背疼痛、炎症性疾病，甚至椎间盘退行性病变等。

研究领导者莱恩·斯强克博士表示，吸烟可以引起血管收缩，导致流入椎骨的血流量减少，使椎间盘的营养供应受到影响，进而发生疼痛、炎症以及退行性病变等病理变化，导致患脊柱疾病的风险增大。

◎ 青春期开始吸烟最难戒

青春期开始吸烟，对人体伤害最大。根据牛津大学的调查，最少有一半甚至2/3从青少年时开始吸烟的烟民，最后死于吸烟带来的疾病。这类烟民也最难戒烟。

◎ 不要偷偷去卫生间吸烟

在家里，父母不让青少年吸烟；在学校里，更是严禁学生吸烟。烟瘾上来怎么办？有的男生会选择去卫生间偷偷吸烟，殊不知这种吸烟法对人体的危害更大。

在卫生间吸烟时，由于缺氧，烟丝不能完全燃烧，就会增加一氧化碳的量。卫生间里氨气很浓，吸烟时会把氨气大量吸入人体。氨气是刺激性气体，人受到氨气的严重刺激，上呼吸道的防御能力就会大大降低，很容易患呼吸道慢性疾病。

◎ 不要饭后吸烟

如果你的爸爸喜欢饭后吸烟，你一定要告诉他，饭后吸烟时，尼古丁被迅速吸收，并进入血液，使人体的蛋白质和重碳酸盐的基础分泌受到抑制，从而妨碍食物消化，影响营养吸收；对胃及十二指肠造成直接损害，使胃肠功能紊乱，胆汁分泌增加，容易引起腹痛等症状。此外，身体对食物进行消化、吸收的同时，对烟草产生的烟雾的吸收能力也增强，吸进的有害物质会增加。

◎ 主宰烟草，不做烟民

青少年跟朋友们在一起时，习惯拿出一包烟，随手扔给朋友，然后大家人手一支烟，“啪——”地点着，动作潇洒利落，之后烟雾升腾起来，每个人脸上都显出满足和自得的神情……看着电影、电视剧中这样的场景如此潇洒和炫酷，男孩一下就被击中了，他们跟自己说：我一定要学会吸烟。

然而，如果有一天你看到烟民抽不到烟时的狼狈相，就会觉得他一点儿都不炫酷。一个戒不了烟的男人，早已被烟草摧毁了意志。做一个能拒绝烟草、对生命有担当的男人。做得了人生的主人，而不是烟草的奴隶，你的人生才会精彩，才能成为一道酷酷的风景线。

◎ 心情不好，别靠吸烟来发泄

青春期男孩情绪不稳定，身体发育、心理成长、学习行为、生活交往等带来的种种压力，很容易导致心理或情绪出现较大的波动。为了解闷，有的男孩会选择吸烟。吸烟的次数多了，就形成了烟瘾，难以戒除。

男孩在心情不好时不要吸烟，而是应该去做做运动、听听歌、看看喜剧，或者找朋友打打球、下下棋，来一次骑行。当身体里的快乐因子被唤起，不愉快的情绪就会烟消云散。

2 做个网络时代的自由人

◎ 没人能离开网络

如今电子产品飞速更新，把我们和网络的距离拉得很近。网络越来越多地参与甚至主宰人们的生活。熟练使用网络已经成为一个人的基本技能，Word、Excel、Photoshop……人们会使用的软件越来越多，使得网络交流、购物、获取信息、炒股、网络制作、写字、看影视剧、玩游戏等更加方便。网络已经参与到生活的方方面面，每个人都离不开网络，青少年也是如此。

◎ 预防“电脑综合征”

和其他电器一样，电脑运行起来也会有辐射。显示器工作时产生的电磁辐射使空气发生电离作用，当我们周围的正离子经过呼吸进入肺部，并随血液循环被运送到人体的各个组织时，就会改变细胞的电荷，导致自律神经失调，从而使人体出现失眠、紧张、易怒、心悸加强、免疫力下降等不良状况。

电脑显示器高亮度、有闪烁、带辐射，工作时发出的微波，对视力、神经系统都会造成影响。如果坐姿不正确、电脑桌椅不合适，还会引起颈部、腰部的不适。因此，青少年在使用电脑时，为了减少伤害，要养成良好的使用习惯。

1.保持电脑环境干净

除了电磁辐射，电脑开机后显示器周围有个静电场，会不断吸收周围的灰尘，使得电脑附近的空气中含有灰尘颗粒。男孩不要为了使用方便而把电脑放在自己的房间，即便放在客厅里，玩电脑的时候，也要注意开窗通风。此外，还要保持桌面干净，每天要擦拭电脑桌、显示器、主机等。

2.与电脑保持适当的距离

显示器距脸的距离应该为70厘米～80厘米，位置比双眼视线略低，把亮度调整到不使眼睛疲劳的程度，即房间的亮度和屏幕的亮度相同。

3.坐姿要正确

最佳坐姿是：坐在电脑椅上，电脑桌下的膝盖处形成直角，大腿和后背也呈直角，手臂在肘关节形成直角。肩胛骨靠在椅背上，双肩放下，下巴不要靠近脖子。

4.注意开关机

开关机时辐射较大。开机的时候，先离开电脑一会儿，不要触碰键盘和手机。等电脑显示正常后，再坐到电脑前。关机后，应该立刻离开电脑。

◎ 网瘾

父母最怕孩子上网成瘾，因为这是一件危害极大的事情。网瘾是一种冲动性地过度使用网络，并因此导致明显的社会、心理功能损害的现象。这是一种因重复使用网络所导致的慢性、周期性、无法自拔、无力控制的着迷状态。

青春期男孩正处于学习关键期，如果沉溺网络，很难有时间集中精力搞好学习。网瘾少年因为经常沉浸在游戏中，看似比正常的青少年更加平静，但网瘾犹如一股蛮力，从成长的反方向拖曳着男孩，久而久之，男孩的身心就会受到严重的伤害。

◎ 长时间上网害处多

网瘾是怎么形成的？是在网上“泡”出来的。

电脑荧光屏不断变幻和上下翻滚的各种字符会刺激眼睛，视觉系统长时间受到热的作用，会使眼睛内的抗坏血酸和谷胱甘肽减少，从而降低对晶状体的保护作用。轻者晶状体受损，重者则会引起微波白内障。

美国底特律亨利福特医院的公共卫生研究者发现：青少年花过多的时间上网，会增加他们患高血压的风险。

青少年要自我限制，在家使用电脑的时间以每天不超过2个小时，每周不超过5天为宜。

◎ 网络，校园暴力新场地

不要把网络当成伤害同学的武器，要知道，你今天伤害同学，明天也会被同学伤害，并让你付出失去友谊的代价。

一家研究年轻人倾向的教育公司对5500名青少年所做的调查发现，80%的青少年承认他们曾经散布或看到别人散布关于同学的流言蜚语，超过半数的人曾经访问过一些取笑伙伴的网站。

可以想象，当欺凌行为从学校的操场上转战到网络上，可以24小时进行的时候，如果被欺负的同学不懂得自我保护，被伤害的痛苦将弥漫校园，没有谁能逃得过这种伤害。当人人自危时，谁还有心思去学习?

◎ 提高对网络信息的辨识力

互联网上不良信息泛滥，对于缺乏分辨和自控能力的青少年来讲，是极大的公害。据公安部相关工作人员透露，犯罪青少年中有近80%的人受到过来自网络信息的诱惑，包括诈骗、强奸、抢劫、抢夺等犯罪行为。

青春期男孩要明白，网络信息不像小学课本那么纯净，网络上充斥着各种各样的内容。在上网前，就要做好不被伤害、不被欺骗的准备。不管你有多么好奇，都不要在那些充斥着色情、反动等负面信息的网站驻足，对自动涌入的信息要多加辨识，坦然接受父母的监督。

3
酒，不是你的杯中物

◎ 喝酒会上瘾

大脑血管对酒精相当敏感，饮入一定量的酒后，大脑血管就开始出现收缩反应，产生功能障碍，使人出现飘飘然的愉悦感。如果沉湎其中，就会更想喝酒，久而久之就会上瘾。

◎ 青春期开始喝酒，酒瘾更大

如果从青春期就开始喝酒，未来发生酗酒以及与酒有关的恶性事件将更多。海德堡大学心理健康研究中心的施耐德通过研究得出：首次饮酒发生在青春期早期的个体，与首次饮酒发生在青春期之后的个体相比，前者倾向于喝得更多、更频繁。

◎ 喝酒能促进睡眠吗

有的男孩失眠后，以为喝杯酒能帮助快速入睡。酒精可以抑制中枢神经系统，睡前饮酒有助于更好地入睡。但是酒精的作用会扰乱整个睡眠状态，使人出现经常早醒、睡眠质量较低、熟睡时间缩短等问题，使得深度睡眠时间少，身体并没有获得真正的休息，第二天醒来会感到很没精神。

如果把酒换成牛奶，情况就会得到改善。因为牛奶中含有色氨酸，能在体内转化为血清素，抑制大脑皮质的兴奋，使人快速进入睡眠状态。

◎ 特殊风险：会破坏你的大脑

心理学家施耐德和史班纳格一致指出，饮酒行为对于青春期发育阶段的大脑影响很大。“青春期是大脑奖赏系统发生重大变化的阶段”，史班纳格表示，“在青春期，大脑处在非常容易受奖赏影响的阶段，尤其是药物奖赏，在饮酒的方面就表现为在日后的生活中对酒精的追求”。

施耐德说：“青春期是十分关键的发育阶段，大脑神经发育就发生在这个时期。恰恰是在青春期，像酒精、大麻这些药物的滥用，可能对仍在发育中的大脑引起最具破坏性和持久性的影响，甚至可能发展成神经性精神紊乱，例如精神分裂症或成瘾等。”

◎ 戒酒难

一旦喝酒上瘾，人体就会产生更多的神经受体来制衡酒精的作用。而一旦想戒酒，空着的神经受体便令人产生焦虑感或让人处于高度警觉状态，使人出现手抖、冒汗、手脚冰冷等症状。如果戒酒不成功，只能继续依赖酒来麻痹神经。

此外，一旦患上某种疾病，需要服药而又戒不掉酒，非常不利于疾病治疗。服药期间一定不要喝酒，否则就可能会发生两种情况：一是能促使药酶分泌，使药酶的活性增强，可导致某些药物的代谢加快，使药效降低；二是抑制药酶的分泌，使某些药物代谢减慢，致使药物蓄积、药效增加。两种情况都可能使人体病情复杂化，甚至导致更加严重的后果。

4
试不起的神秘物：毒品

◎ 什么是毒品

毒品是指那些使用后让人的情绪、行为、注意力、思维和意志力等发生改变的物质的总称。人一旦服用了毒品，就会对其产生生理和心理上的依赖。

毒品大体上分为非法毒品和合法毒品两大类。非法毒品指的是国家禁止买卖和服用的毒品，如鸦片、海洛因、可卡因、大麻等，以及新型毒品冰毒、新精神活性物质等；合法毒品则指国家不予禁止的毒品，包括镇静催眠药和安定类药物等。

非法毒品的发展大体分为三代，先是传统毒品（如鸦片、海洛因、吗啡等），然后是合成毒品（如冰毒、摇头丸、麻古等），接着是流行全球的新精神活性物质。

◎ 吸毒的方式

吸毒的方式主要有三种，分别是静脉注射毒品、肌肉或皮下注射毒品、呼吸道途径吸食毒品。

静脉注射毒品最容易因吸毒过量而死亡，不洁注射也是传播艾滋病毒的主要途径。

肌肉或者皮下注射毒品，注射部位的皮肤可能会出现脓肿、色素沉着、感染等症状。

通过呼吸道吸食毒品，会对呼吸道系统造成恶性刺激，轻者易患气管炎，重者则会导致肺炎、肺气肿和肺癌。

◎ 毒品的危害

吸毒上瘾是人们对毒品的最初认识，正所谓“一朝吸毒、十年戒毒、终生想毒”。事实上，毒品的危害不只是上瘾能够概括得了的。

1.吸毒对人体有巨大的毒性作用

吸毒量过大或者吸毒时间过长就会产生毒性，人体中毒时会有嗜睡、感觉迟钝、运动失调、常常产生幻觉等反应，还伴有机体的功能紊乱和组织的病理变化等。

2.吸毒会产生戒断反应

戒断反应是由长期吸毒造成的一种严重的具有潜在生命危险的身心损伤，吸毒者突然终止用药或者减少用药剂量后，常常引起各种并发症，以致死亡或者由于痛苦难耐而自杀身亡。为什么会有戒断反应呢？因为毒品作用于人体后，会使人体功能产生一些适应性的改变，从而在药物作用下形成新的平衡状态。一旦停药，平衡状态就被打破，人体生理功能就会发生紊乱，继而出现戒断反应，吸毒者会感到非常痛苦。吸毒者为了避免戒断反应，必须定时用药，并且不断加大剂量。

3.引发精神障碍和变态行为

吸毒引发的最突出的精神障碍是幻觉和思维障碍，吸毒者为了追求幻觉会不断地吸，难以自拔，甚至为此铤而走险，进行偷盗、杀戮等违法行为。

4.冰毒等会刺激性欲

冰毒等新型毒品和新精神活性物质同属于兴奋致幻剂，能刺激大脑分泌多巴胺，让人情绪高昂并产生高度的性需求。同时，还会降低吸毒者的自我拘束能力，这样就增加了无保护性行为的风险，感染 HIV 的可能性很大。

◎ 海洛因

海洛因是一系列吗啡类毒品的总称，是以吗啡生物碱作为合成起点得到的半合成毒品。它是当今世界滥用最广泛的毒品，在所有毒品中，涉及海洛因制造、走私、滥用的毒品犯罪案件高居首位。海洛因被称为世界毒品之王，被联合国认定为一级管制毒品，也是中国监控、查禁最主要的毒品之一。

男孩一定要知道，由于海洛因作用机制还不明确，迄今并无有效的戒除方法。因此，一定要远离海洛因。

◎ 新型毒品——冰毒

冰毒，又名甲基安非他明、去氧麻黄碱，是一种无味或微有苦味的透明结晶体，纯品很像冰糖，形似冰。与传统毒品使用者主要通过共用针具而造成血液传播疾病不同，滥用冰毒的风险在于性传播。

冰毒外形很具有蒙蔽性，不全是白色透明的“冰块”，也可能是其他颜色的晶体，具有“绿牙签”“水晶”“大牙”等富有诗意的生活化名字，谁会想到它们是冰毒呢?

◎ 冰毒毒瘾更难戒除

冰毒进入人体48小时内，就会在体内消化。当前还没发现冰毒具有让人生理成瘾的现象，冰毒成瘾主要在于精神上的依赖。在毒瘾发作过程中，毒瘾者会出现焦虑、烦躁、失眠和对冰毒强烈的需求等状况。普通的毒瘾症状可能只需要3天时间就会过去，可是有冰毒毒瘾的人，可能在断瘾很久之后，突然又出现复吸的饥渴感。

◎ 新精神活性物质

新精神活性物质，是不法分子为逃避打击而对管制毒品进行化学结构修饰得到的毒品类似物，具有与管制毒品相似或更强的兴奋、致幻、麻醉等效果。

这些合成毒品进入人体后，不仅会让人产生强烈的生理兴奋，还会大量消耗人的体力和降低免疫功能，严重损害人的心脏和大脑组织。

强烈的致幻作用会促使滥用者在现实中做出极其异常的行为，相当一部分的自残、自杀以及暴力攻击等行为都与之相关。

新精神活性物质由于太过新颖，其长期生理损害及成瘾性尚在论证当中。

◎ 和吸毒者保持距离

相关调查显示，有2/3的吸毒者第一次接触毒品都是受朋友诱导，尤其是熟悉的朋友。在吸毒的未成年人中，有2/3的人一开始就知道吸毒是违法的，但渴望群体认同的青少年，往往禁不住朋友的劝说，最后还是吸上毒品。也有的青少年是出于好奇，结果一试就陷入了泥沼。

青春期男孩既然了解毒品具有毁掉一生的巨大危害，那么在遇到毒品时，不要顾及所谓的朋友面子，应该果断拒绝，迅速转身。

5 不欺凌别人，也不被欺凌

◎ 什么是欺凌

欺凌指的是一个人或一群人故意折磨、嘲弄或取笑某个人的现象。欺凌既可以是言语欺凌，也可以是身体欺凌，二者都会让人感到害怕和痛苦。欺凌也是一种恐吓，会迫使受害者离开有权逗留的地方或喜欢的友谊型群体。

◎ 欺凌的种类

青春期男孩只有了解什么是欺凌，才不会一不小心做出欺凌的行为，在被人欺凌时也会维护自己的尊严。

1.身体欺凌

拳打或脚踢他人，伤害他人的身体，窃取他人的物品。

2.言语欺凌

辱骂或深深伤害他人的心灵，此类欺凌在各种欺凌中出现的比例最高。

3.性欺凌

性欺凌包括性抚摸、性暗示，强迫被欺凌对象做出或承受自己不理解或不喜欢的行为。

4.网络欺凌

网络欺凌是指利用电子邮件、短信和即时通讯等新的技术骚扰他人，已经成为恃强凌弱者侵犯他人隐私空间的强有力的武器，因为不管他人在什么地方，欺凌者都可以一周7天、一天24小时地实施欺凌。

5.拒绝

不理睬对方，将对方排除在友谊型群体、俱乐部或活动之外，是恃强凌弱者不公平地对待他人和孤立他人的手段。

◎ 什么是网络欺凌

网络欺凌指的是利用现代网络通信工具针对个人或群体进行的恶意骚扰、攻击与压迫，使被害者无法进行自我保护而造成身心伤害。

男孩要学会判断什么是网络欺凌，否则很可能伤害了别人或者被伤害了还不知道。网络欺凌往往具有以下特点。

1.有意性

网络欺凌往往是有意为之，会给被害者带来长久的身心伤害。

2.频繁性

如果伤害行为频繁发生，更能确定其为欺凌行为。

3.形式多样

网络欺凌的形式很多，如通过短信、电话、邮件进行骚扰、威胁、恐吓；网络病毒；不平等的网络骂战；发布带有恶搞性、侮辱性、攻击性的文字、图片和视频等。

4.权利上的不平等

当被害者遭到攻击，要求管理员或发帖者删除相应文字或视频时遭到拒绝，而当被害者予以还击时，便会再次遭到攻击。

◎ 网络欺凌为何泛滥

打开网络，就进入了一个虚拟的世界。在这里，大家互不认识，也不见面，网络的匿名性很容易使网民产生进入自由世界的错觉，从而产生非理性、暴力倾向。虽然网络欺凌事件频发，但得到惩罚的人却屈指可数。

很多家长监督缺失，不知道孩子在网上伤害了别人或者受到了伤害，从而使得欺凌行为肆意发展。学习压力较大、与父母沟通不畅的青少年，更偏爱于网络发泄，以实现心理上的平衡。

与其他群体相比，青少年群体的网络舆论表达意愿更强烈，很容易不明就里、过火地伸张正义、把握不住行为的度，容易酿造网络暴力。

◎ 被欺凌后怎么办

青少年遭受欺凌时，千万不要一个人默默忍受，这样就会助长恃强凌弱者的气焰，使得他们更加忘乎所以。只有反抗才能改变处境。当你被欺凌时，要勇于说出来，这样才能从被动应对转向主动预防。

当青少年遭遇欺凌时，应该尽全力逃脱，并向成人寻求帮助，可以跟老师和父母说，也可以找警察报案。如果跑不掉，也不要屈服，哭泣或者硬拼都容易吃亏，正确的做法是冷静面对，这样更能震慑对方。

◎ 欺凌行为代价大

校园暴力给青少年带来的危害，远不止身体的伤痛，更严重的是造成心灵的扭曲。

被欺凌的青少年，如果得不到及时的心理援助，恐惧无法散去，他们的校园生活将蒙上一层阴影，无法安心学习，有的甚至辍学、自杀。还有的青少年会想到以牙还牙，这样局面就会变得更加复杂。

◎ 早防范，不欺凌

如何才能既不欺凌他人，面对欺凌行为时又能做好自我保护呢？

1.参加自卫训练

青少年要参加一些自卫训练，比如，学习跆拳道、武术等。这样既能提升自信心，也能提高自我保护的能力。虽然不提倡以暴制暴，但是拥有一定的自卫能力，让对方感受到自己不是好惹的，他们就不敢肆意妄为。

2.提升隐私意识

保护好网络空间里的个人隐私，不要发布个人照片于公共空间，以免网络欺凌者利用网络技术进行恶意伤害。

3. 不要把影视内容搬到现实中来

青春期男孩女孩正是表现欲和模仿能力最强的时期，受影视剧里的暴力行为的影响，他们很可能去效仿。男孩要懂得，影视剧需要用夸张的情节来激发观众的观看欲望，那些情节不等于现实，现实中这样夸张的做法会对他人造成伤害。

6 控制攻击性行为

◎ 什么是攻击性行为

攻击性行为指的是给他人造成伤害的行为。在全世界范围内，不管是捕猎、打斗，还是战争，主要都是男性的行为活动。攻击性行为除了上面提到的三种类型以外，还包括殴打身体、当面侮辱、说风凉话等。

攻击性行为是一种以引起伤害或痛楚为目的的行为，对社会和个人都是极其有害的。青春期男孩一定要注意控制自己，以免自己的攻击性行为对他人造成伤害。

◎ 挫折—攻击理论

心理学家认为，挫折总会导致某种形式的攻击。这里的挫折指的是任何阻碍我们实现目标的事物。当我们达到一个目标的愿望非常强烈时，会预期得到满意的结果，但如果在行动过程中遇到障碍，挫折便产生了。当挫折产生以后，人们的攻击目标可能是挫折源，也可能是转移后的攻击目标。

青春期男孩自尊心很强，即使是很小的挫折，也会引起他们的心里反应，导致他们发生攻击性行为。

◎ 懂得释放青春能量

男孩要懂得，攻击性行为是青春期男孩精力旺盛的外在表现，并不是因为自己邪恶。要想不伤害他人，就要学会释放能量。比如，每天坚持运动，爱上一项乐器，不忽视学习任务，定期和同学一起活动，努力学习，等等，这些都是很好的释放青春能量的方式。

◎ 挫折是成长的代价

男孩需要认识到，挫折只不过是一次暂时性的不如意，无论失败也好，不顺利也罢，都只是人生的经历，是成长必须付出的代价。要想不再经历类似的挫折，就要吸取教训，总结经验，以免下次遇到同样的挫折。

报复或纠结在过往的挫折里，只会让自己消沉、不如意，生活一天比一天暗淡无趣。战胜挫折，总结经验，提高自己，你才能成长为阳光大男孩！

◎ 从对方角度看问题，减少攻击性行为

青春期男孩应该抱着大事化小、小事化了的心态，遇事多从对

方的角度来考虑问题，能够较好理解他人的意图，告诉自己，他的想法与自己不同。然后，诚恳地表达出自己的想法，对方了解你的想法后，矛盾自然会化解。

◎ 管住嘴：不挖苦、不讽刺、不说脏话

即使你被伤害过，也要对人彬彬有礼，这样跟你交往的人感觉会很美好。要知道，不是只有你具有攻击性，大部分男生的雄性激素都处于高水平状态，都可能会出现攻击性行为。你一句攻击性的话，可能会惹怒别人，别人的攻击性又会加剧你的攻击性。

避免攻击性行为最好的方法就是管住嘴巴，和言细语，不挖苦讽刺。挖苦讽刺的话很容易刺伤对方的自尊心，无法解决问题，反而会引发战斗，招来攻击。谩骂就更要不得了，粗暴的话语一出口，就能引发事端，即使有理也会变得无理。

◎ 用沟通、协商的方式解决问题

遇到问题时，采用沟通和协商的方式能让对方感受到你的尊重。被尊重的感觉能够化解敌意，让对方愿意敞开心扉说出自己的想法。放下自己的情绪，耐心听对方讲述，这个过程能够把你的诚意展现给对方，也梳理了自己的情绪和思路，打开了误会的死角，你们越聊越投机，无论什么问题都能解决。

7 手机的智能时代

◎ 爱上刷朋友圈

哈佛大学神经学家简森·米歇尔和戴安娜·塔米尔做了一项实验。他们给被试者装上大脑扫描仪器，随后向他们发问：是不是愿意分享自己对所喜欢事物的态度，结果那些有话要说的被试者在滔滔不绝地自由表达和分享信息时，他们的脑电波和获得金钱与美食时一模一样。

之后，两位科学家将被试者分成两组，每组成员都可以自由选择是闲待一会儿，还是告诉别人自己喜欢吃什么样的三明治。在第一组成员中，选择什么都不做的获得的奖励多一些，第二组则刚好相反。结果无论是否得到奖励，两组被试者中都是选择分享观点的人居多。可见，人们分享观点、自由表达的欲望，并不能被金钱收买，即便闲着可以拿到更多的钱，人们也更倾向于把话说出来。

从以上的实验当中，我们就不难理解为什么身边有那么多的“刷屏党”了。因为分享信息能够让人感到愉悦。

◎ 保护网络上的私人信息

青少年不要在网上的个人主页里公开自己的电话号码、地址、身份证号、资产等重要的个人信息。即使是聊了很久的网友，你们之间无话不谈，但因为彼此没有见过面，并不了解对方的底细，也不要谈及这些重要的个人信息。

无论是个人空间还是博客、微博，发个人的照片和视频时，一定要慎重。发朋友圈时，最好在设置项目里关掉“允许陌生人看10张照片”的隐私设置，避免陌生人利用照片进行敲诈勒索或者网络欺凌等。

◎ 遇到难题自己思考，不搜索答案

手机强大的搜索功能，使得一些男孩在遇到学习上的难题时不再独立思考，而是直接从网络上搜索已有的答案。有的男孩认为，从网络上搜索的答案可以作为自己的参考，了解别人的想法，能够帮助自己解题。实际上，这么做会影响你对于该问题的思考，不利于形成自己独到的见解。久而久之，必然导致独立思考能力的下降。

8
疼痛的艺术：文身

◎ 进入人生的“文身阶段”

青春期男孩文身的理由有很多。

有一个男孩想在脖子下面文身，目的是掩盖跟同学斗殴时留下的疤痕，以免穿衣服的时候太难看；有一个男孩为了抵抗妈妈让他参军，花几百元在后背文了神兽；有一个男孩见身边的男孩都学着明星的样子文身，觉得很酷，为表达自己对明星的崇拜之情，也为了不out（落伍），也进行了文身；有一个男孩说不出理由，他就是想文身……

不管出于什么目的，男孩都或多或少地把文身当成了成人的标志，或者认为文身是一种流行元素，是非常艺术的表达方式。他们不会想到，总有一天，当自己变成男人后，变了形的文身像一摊垃圾一样趴在皮肤上，被人误认为是污迹，到时候他们就会感到后悔，会为这些曾经的青春标记感到懊恼。

◎ 文身贴纸会伤害皮肤

有的男生喜欢用文身贴纸，这样容易去掉，不会留下永久性的印记。但是他们却忽略了一件事，那就是文身贴纸会伤害皮肤。

一些文身贴纸中所用的原料含有毒性，如朱砂（汞）、镉等，当男孩把文身贴纸贴到前胸、胳膊、小腿和腹部等部位时，受到阳光的刺激，图案上的颜料在阳光的作用下会产生化学变化，从而引起皮肤红斑、瘙痒、烧灼感及刺痛等，严重者可出现水疱、水肿、色素沉着。

原来贴文身纸贴要付出这么大的代价，青春期男孩，你还要贴吗？

◎ 文身的安全性并不确定

文身时所用的颜料大多含有铅、汞等金属及部分杂质，将它们注射入人体后会怎么样呢？文身是有创操作，涉及皮肤的穿刺甚至出血。仅仅这两项，就有出现感染、文身去除困难、过敏反应、肉芽肿、形成瘢痕疙瘩等风险。

至于文身是否会对人体造成伤害，主要看所用的染料是不是安全以及文身的操作环境是不是卫生。这提醒青少年要谨慎对待文身这件事，以免对自己的身体造成不必要的伤害。

◎ 文身不容易，除掉难度大

有人说，文身不易，除掉更难。文身的时候，会将墨水注入真皮，形成一定的图案。如果后来后悔、不喜欢了，绝不是洗洗就能轻易除掉的。图案文上去之后，颜料颗粒将被纤维组织包裹，成为皮肤的一部分。除掉文身需要通过外科手术切除文身部位的皮肤或对皮肤进行深层磨削。如果文身面积过大，还必须进行植皮手术，而植皮手术很容易引起皮肤瘢痕等并发症。

有人会说，可以用激光文身。美国国立毒理学研究中心发现，激光分解颜料时会激发化学反应，产生致癌物和可诱导突变的降解物，随后会被机体吸收。可见，激光文身也会对身体造成伤害。

9 自残

◎ 为什么有人会自残

当一个人对自己期望过高时，会比其他人感受到更多的挫折，一点儿小事不如意，就会焦虑、紧张、不安、痛苦，而且无法化解。为获得解脱的快感，转移内心的压力，他们就会选择自残。此外，来自外界的压力也会促成自残。

◎ 敞开心扉，化解挫折

倾诉会让人学会与人沟通，把心中的困惑向他人宣泄，从而能够帮助人摆脱自残。不要害怕透露心声，要知道，多一个人倾听，就多一份理解，少一份压力。

增强自信心是摆脱自残最根本的方法。男孩要学会客观、全面地分析和看待问题，能力不够可以提高，努力不够可以加把劲，有什么大不了的？如果抱着这样的心态，就能够避免产生自残心理和自残倾向。

◎ 青春期哪个年龄段最易“想不开”

有研究显示，读初中前后的青少年出现严重心理问题的比例最高。这个年龄段的孩子刚刚进入青春期，男生的欲望变得很强烈，生理上有欲望，身份却是孩子；生理已经成熟，但内心还很幼稚。如何平衡身心的矛盾，如何控制并合理释放身体的能量，对他们来说是很大的挑战，如果处理不好，他们就会感到焦虑、痛苦，甚至“想不开”。

那么，这样的问题该怎么化解呢？青春期男孩要积极学习青春期生理发育知识，乐观地面对成长。除了努力完成学业外，还要发展个人兴趣，积极参与到校园和社会活动中去，掌握融入社会的方法。如果生活变得充实而快乐，自我价值感就会提高，这样自然不会“想不开”。

◎ “暴力”青少年多有心理问题

有研究显示，具有攻击和暴力倾向的青少年，心理问题发生率更高。“暴力”男孩可能在打骂中长大，父母的管教方式简单粗暴，因此他们跟父母之间感情淡漠，体验不到温暖和关爱，所以才会形成攻击性人格。具体表现为内心混乱、恐惧、无助，容易冲动，不会与人友好相处等。

如果出现这样的问题，男孩要积极地向心理工作者寻求帮助，以改变自己错误的认知和行为方式，友善地待人待己，让自己成为一个快乐的人。

◎ 不要被学习压倒

《中国教育发展报告》显示，青少年自杀案例中，75%系学习压力大所致。学习压力是中小学生自杀的首要因素，太大的学习压力很容易导致他们心理崩溃。有研究显示，随着学生补习时间的增加，他们的心理问题发生率不断提升。

不管外界以什么样的方法督促男孩获取好成绩，男孩都要懂得，努力学习可以开阔眼界、增长知识、提升个人能力，但获取好成绩绝不是成长的唯一目标。要知道，成长比成绩更重要。“学霸”有“学霸”的未来，“学渣”如果发挥特长、另辟蹊径，同样有光明的前途。

◎ 如何识别男孩的自杀行为

自残的最极端状况就是自杀。青春期男孩的自杀行为一般不是突然发生的，通常会有一个长期酝酿的过程。他们先有自杀的企图和想法，当这种想法反复出现，又没有被劝阻、获得理解和帮助时，自杀的企图就会变成真实的行为。

有自杀企图的人通常会有什么表现呢？如果男孩能够了解这些，就能帮助自己，也能够帮助他人。

1.言语表露

有自杀倾向的人，无意中会说出类似“我如果死了，你就会难过的”“我死了，你怎么办”的话。

2.抑郁情绪

有自杀倾向的人往往心情不好，情绪低落，不断遇到挫折。

3.极度疲倦

有自杀倾向的人往往会夸大疲倦，以引起他人的同情与关怀，有一种承受不住的感觉。

4.心神不安

有自杀倾向的人常常心神不安，吃不进饭，睡不好觉，甚至想到用一些方法结束自己的生命。

5.创伤

有自杀倾向的人通常都有较为严重的心灵创伤，由于长期积压在心里，再次经历创伤后，会想到以往的不幸经历，内心承受不住，就会想到自杀。

6.送人心爱的东西

很多有自杀倾向的人，在自杀前会把自己最心爱的东西送给某人，还会说一些诀别的话。这是一个非常重要的反常信号。

7.离群索居

如果一个人总是独处，不与任何人倾诉内心的苦楚，遇到压力得不到缓解，长此以往，就可能因为想不开而发生自杀行为。

青春贴

心理健康的10项标准

美国心理学家马斯洛和米特尔曼提出的心理健康10项标准，被公认为是“最经典的标准”。

（1）充分的安全感；

（2）充分了解自己，并对自己的能力做适当的估价；

（3）生活的目标切合实际；

（4）与现实的环境保持接触；

（5）能保持人格的完整与和谐；

（6）具有从经验中学习的能力；

（7）能保持良好的人际关系；

（8）适度的情绪表达与控制；

（9）在不违背社会规范的条件下，对个人的基本需要做恰当的满足；

（10）在符合团体要求的前提下，较好地发挥自己的个性。